NO TIME TO DIE
완도살롱 페업기

"나는 혼자서, 아무 가진 것 없이, 낯선 도시에 도착하는 것을 수없이 꿈꾸어 보았다. 그러면 겸허하게, 아니 남루하게 살 수 있을 것 같았다. 무엇보다 비밀을 간직할 수 있을 것 같았다."

- 장 그르니에, '섬'

"섬에 도착했을 때, 나는 침몰 직전의 난파선 같은 모습이었다. 바닥을 드러낸 잔고, 불확실한 미래, 심각한 건 아니었지만 가볍지도 않았던 우울까지. 그런 나에게 섬은 도피처이자 안식처가 되어주었다."

- 이종인, '완도'

NO TIME TO DIE

추천사.

프롤로그. Long live the Wandosalon!

1. 난파 難破   25

- 서울의 숨 값
- 국제문구
- 장보고대로 248번길 48
- 독립서점 유람기 1
- 독립서점 유람기 2
- 독립서점 유람기 3

2. 공존 共存   55

- K
- 동업일기 1~5
- 사람들
- 외국인들
- 공보의들
- 이웃들
- 동업일기 6

완도살롱 폐업기

3. 불사 不死   95

- 줄리엣과 베로나
- 이태리 견문록
- 운명의 결말
- 페스트와 데카메론
- 밀물과 썰물
- 노 타임 투 다이

4. 부활 復活   125

- 네오와 트리니티
- 바르도 퇴돌
- 주도자와 엔트로피

인터뷰. 우리들의 완도살롱이 생각나요
에필로그 1. 완도살롱에 유통기한이 있다면
에필로그 2. 팔을 들어 올리면, 결국에는

추천사.

(글, 완도살롱 단골 선원 이성아)

저는 지난 2018년 3월 고향 인천을 떠나 완도로 향했습니다. 교사 임용시험에 낙방한 슬픔을 달래고 일자리를 해결하기 위해서였습니다.

그때만 해도 완도에 대해 아는 건 전복이 특산물이라는 게 전부였지만, 실제로 마주한 완도는 TV에서 본 지중해의 어떤 도시처럼 푸른 바다가 드넓게 펼쳐진 아름다운 섬이었습니다.

그러나 완도의 밤은 조금 달랐습니다. 가게들은 대부분 저녁 어스름과 동시에 문을 닫았고, 특히 저와 같은 이방인이 머물 데는 어디에도 보이지 않았습니다. 임용시험을 다시 준비해야 하는 저로서는 공부에 집중하기 좋은 환경이라는 생각도 들었지만, 가끔은 불빛과 소음이 그립기도 했습니다.

평소와 다름없던 퇴근길. 저는 우연히 들어선 낯선 골목에서 입식 간판을 하나 발견하고 깜짝 놀랐습니다. 이 섬에서는 상상조차 하지 못했던 '칵테일'이라는 글자가 간판에 적혀 있었기 때문입니다.

홀린 듯 다가가서 보니 입간판 옆에는 심상치 않은 분홍 불빛을 내뿜는 공간이 자리하고 있었습니다. 위태롭게 매달려 있는 머리 간판에는 '국제문구'라고 적혀 있었고요. 호기심에 이끌려 가게 문을 열고 들어갔더니 한 남자가 저를 반겨주었습니다.

그는 매우 친절하고 경쾌한 목소리로 '이 공간의 본명은 완도살롱이며 주류와 비주류가 공존하는 곳.'이라고 소개해 주었습니다. 국제문구 간판은 그냥 폼이라는 말도 함께...

이후 1년 동안 거의 매일 완도살롱에 출근 도장을 찍었습니다. 학교에서 퇴근하면 완도살롱으로 출근한다고 해도 과언이 아닐 정도로요. 저는 이곳에서 여러 배경과 사정을 가진 사람들을 만났고, 다양한 주제로 대화했으며 정말 많이 웃었습니다. 불안하고도 행복한 시간이었습니다.

마침내 임용시험에 합격하고, 다른 도시에서 도덕 교사로 일하는 지금도 저는 종종 살롱을 찾아갑니다.

이제는 사장보다 형이라 부르는 게 더 편한 이종인 씨는 여전히 친절하고 경쾌한 목소리로 환영 인사를 건네고요.

처음에 추천사를 써달라는 제안을 받았을 때는 사실 조금 놀랐습니다. 책 제목과 내용이 '완도살롱의 폐업'을 암시하는 것이었기 때문입니다. 하지만 원고를 모두 읽은 후에는 제게 주어진 지면에서 두 가지 소재로 이야기하면 좋겠다는 생각이 들었습니다.

사회과학의 '엔트로피'와 하이데거의 '죽음으로의 선구(先驅)'입니다.

먼저 엔트로피란 '무질서한 정도'를 의미합니다. 열역학 제2법칙에 따르면 우주 모든 물질의 상태는 엔트로피가 증가하는 방향으로 운동합니다. 세상의 변화는 결국 무너지고 흩어지는 방향으로만 진행한다는 것이죠. 돌이 깎여 모래는 될 수 있지만, 모래가 다시 돌이 되지는 못하는 것처럼요.

이는 곧 무언가가 형성되면 이후에는 점차 무너진 다는 걸 의미합니다. 자연과학의 개념인 엔트로피는 사회과학에서도 차용되는데요. 이 경우 엔트로피를 인간사(人間事)에 대입하여 다음과 같이 설명합니다.

"<u>개인의 끝은 죽음, 기업의 끝은 도산이고, 국가의 끝은 멸망이다.</u>"

완도살롱의 끝은 무엇일까요? 맞습니다. 폐업입니다. 몹시 슬픈 일이지만 우리의 경험상 완도살롱의 폐업은 기정사실로 보입니다. 굳이 엔트로피를 들먹이지 않더라도 세상에 영원한 건 없으니까요.

그런데 모든 게 끝을 향해 나아간다는 우울한 사실을 꼭 확인할 필요가 있을까요? 이에 대해 독일 철학자 하이데거는 다음과 같이 말합니다.

"<u>의미 있는 삶을 위해서는, 우리에게 반드시 끝이 온다는 것을 항상 염두에 두어야 한다.</u>"

하이데거는 또한 죽음으로의 선구, 즉 죽음 앞으로 달려가 볼 것을 권유하는데, 그것이 '내 삶의 의미'를 찾기 위한 가장 좋은 방법이기 때문입니다.

예를 들어보겠습니다.

<u>예시 1) 내일 당신이 죽는다면 혼자보다 누군가와 함께 있고 싶을 것이고, 그 누군가가 바로 당신에게 가장 의미 있는 사람이다.</u>

<u>예시 2) 삶이 영원하지 않으며 단 한 번뿐이라는 사실을 제대로 이해한다면, 주변의 기대와 요구보다 내게 의미 있는 활동으로 삶을 채울 것이다.</u>

하이데거는 우리에게 피할 수 없는 종착역이 있다는 사실이 오히려 삶의 의미를 찾기 위한 원동력이라고 생각했습니다.

이러한 관점에서 바라본다면, 마지막을 떠올리는

건 부정적이고 소극적인 수용이 아니라, 자신이 원하는 삶의 모습을 찾기 위한 긍정적이며 적극적인 탐색 과정이라고 할 수 있을 겁니다.

언젠가 저는 종인이 형을 해적으로 비유한 적이 있는데요. 이유는 다음과 같습니다. 해적들은 매일의 먹거리를 고민하며 치열하게 싸우고, 어디서도 환영받지 못하는 데다 성격도 괴팍합니다. 어찌보면 참 피곤한 삶입니다.

하지만 그들에게는 스스로 항로를 결정할 자유와 언제고 모험을 떠날 수 있는 자유가 있습니다. 그리고 반드시 보물을 찾아낼 거라는 믿음이 있습니다.

저를 포함한 많은 사람이 상선과 어선처럼 정해진 대로 현재 삶에 필요한 것을 추구하기 위해 항해합니다. 물론 이러한 항해가 누구에게나 필요하다는 걸 부정할 수는 없습니다. 하지만 누군가는 이 순간에도 한 치 앞을 알 수 없는 바다로 무모한 걸음을 내딛고 있습니다.

이 책에는 다채로운 이야기가 실려있습니다. 그리고 이를 관통하는 주제는 인간 이종인, 그리고 완도살롱을 둘러싼 사람들의 '일상에서 의미 찾기 대작전'입니다.

책을 통해 어쩌면 우리도 가득 실은 짐을 바다에 던져 버리거나 펼쳐 놓은 그물을 끊어낼 수 있는 용기를 얻게 될지 모릅니다. 닻을 올리고, 정해진 항로에서 벗어나 보물섬을 찾는 모험을 하고 싶어질 수도 있고요. 저는 분명 이 책이 여러분만의 보물 지도를 찾는 단서가 될 수 있다고 생각합니다.

가능하다면 모험을 떠나기 전에 완도살롱이라는 항구에 정박해 보셔도 좋습니다. 그곳에서는 여러분이 타고 있는 배의 크기라던가 그동안 잡은 물고기의 무게가 아니라 오직 '어디로 향하고 싶은지'에 대한 대화로 밤을 지새울 수 있으니까요.

부디 여러분의 항해에도 즐거운 모험이 가득하길 바라며, 언젠가 완도살롱에서 뵙겠습니다.

- 완도살롱 단골 선원 '이성아'

프롤로그.

Long live the Wandosalon!

(2021년 7월 1일, '완도살롱 폐업기'에서 발췌)

팬 여러분께 완도살롱의 소식을 전해온 '완도살롱 창업기'의 제목을 '완도살롱 폐업기'로 변경합니다.

그러나 여러분께서는 조금도 놀라거나 두려워할 필요가 없습니다. 완도살롱의 폐업은 아직 아무것도 결정되지 않았기 때문입니다.

다만, 이렇듯 비장하게 배수의 진을 치는 이유는 '개업 n년 차에도 창업기를 연재하는 것이 옳은가?' 하는 의문, 그리고 '이토록 어지러운 시국(코로나 팬데믹)에는 이렇게라도 해야 여러분께서 완도살롱의 이야기에 더 귀를 기울여 주시지 않을까?' 하는 마음에서입니다.

그렇습니다. 이것은 모종의 협박이자 조용한 노이즈 마케팅입니다.

한편에는 밝고 선명한 것도 있습니다. 완도살롱은 지금 이 순간부터 '내일 지구가 멸망한다는 각오'로 문을 열 거라는 사실입니다.

힘으로는 어쩌지 못하는 것들이 우리를 풀 죽고 시무룩하게 만들어도 이렇게 무기력한 모습으로 패퇴할 수는 없습니다. 다시 한번 불꽃을 틔우고 엔트로피를 만들어 낼 겁니다. 이 모진 각오의 다른 이름은 어쩌면 '라스트 댄스' 뭐 그런 건지도 모르겠습니다.

아! 인간은 얼마나 미련합니까. 시험이 다가올수록 더 열심히 공부하지 않은 걸 아쉬워하고, 이별한 후에야 더 나누지 못한 사랑을 후회합니다. 맞습니다. 미련하디 미련한 저도 언젠가 반드시 폐업의 순간이 찾아온다는 걸 깨닫고 나서야 오히려 더욱 격렬하게 완도살롱을 원하게 되었습니다.

만약 마지막 춤사위의 배경음악을 고를 수 있다면 아주 느리고 끈적한 재즈이기를, 그리고 두 손으로 직접 끝을 낼 때까지는 아무것도 끝나 버리지 않기를 희망하며,

노 타임 투 다이!

롱 리브 더 완도살롱!

언제나처럼 어김없이, 그 골목 그 자리에서 여러분을 기다리고 있겠습니다.

- 완도살롱 마담 '이종인' 올림

1. 난파 難破

서울의 숨 값

 섬살이 삼 주째. 그동안 많은 일이 있었다. 몇 명인가 친구도 사귀었고.

 서울에 비하면 완도는 정말이지 심심하고 조용한 곳이다. 평일과 주말, 낮과 밤의 풍경이 별반 다르지 않으며, 여가라고는 비슷한 이들과 비슷한 곳에서 술잔을 맞대는 게 전부인. 언제 어디에서나 새로움을 마주했던 서울은 참으로 경이로운 곳이었다.

 섬의 시간은 더 무겁기라도 한 것일까? 이곳 사람들에게서는 조금도 조급함을 찾아볼 수 없다. 오히려 너무 느긋해서 탈이지. 하지만 이런 곳에서도 시간은 어김없이 흘러서 나는 이달 초 서른 번째 생일을 맞았고, 며칠 전에는 땅끝보다 먼 곳까지 세입자를 찾아온 월세 납부일에 눈앞이 아득해졌다.

 계좌의 남은 바닥을 긁어 월세를 내었더니 오히려 마음이 홀가분해졌다. 처음 서울에 닻을 내렸을 때도 하나 가진 것 없는 빈털터리였는데, 이것도 일종의 수미상관이라 할 수 있으려나?

하지만 다시 그 꼴이 되었다고 생각하니 조금 서글퍼졌다. 예나 지금이나 아름다운 얼굴은 그대로지만 이제 더는 가난해도 괜찮은 스무 살이 아니니까.

어느덧 서른. 단순한 숫자라고 치부하기에는 제법 무게감이 느껴지는 나이다.

서울로 가야 하는 날이 다가올수록 어쩐지 섬에 더 머물고 싶어진다. 실은 돌아가고 싶지 않은 것이리라. 어딘가 고장이 난 사람처럼 혼잣말도 잦아졌다. 내가 이렇게나 욕을 많이 했던가? 속으로는 자꾸 쓸데없이 비장한 다짐을 되뇐다.

이제, 서울을 떠나는 것이다.
나는, 서울을 벗어날 것이다.
그래, 서울을 버리는 것이다.

부박하고도 찬란했던 나의 이십 대가 녹아 있는 곳. 소음과 파열음이 오케스트라처럼 펼쳐지는 땅.

잿빛 하늘 아래 쫓기듯 걷고 뛰는 사람들. 숨만 쉬어도 지폐 수십 장이 신기루처럼 사라지는 곳. 한때는 자유와 기회의 땅이라 믿었던 곳. 그리고 여전히 누군가는 그렇게 믿는 곳. 더 가지지 못하면 뒤처지는, 마왕의 노랫말처럼 함께 있어도 외로운 이들의 도시. 빌어먹을, 서울.

가쁘고 바쁘게 달려왔는데, 문득 서울의 숨 값이 너무나 터무니없었다는 생각이 든다.

나는 완도에 더 머무르기로 했다. 아무리 생각해도 남을 이유보다는, 돌아가야 하는 이유가 더 많지만.

국제문구

'피터팬의 좋은 집 구하기'에 내놓은 오피스텔이 금세 다음 세입자를 맞은 덕분에 완도 이주에 속도가 붙었다. 이삿짐을 정리하고 난 뒤에는 잔뜩 씁쓸한 마음이 들었다. 미니멀리스트도 아닌데 서울에서의 십년이 고작 박스 몇 개에 담기다니…

완도에 가면 홀로 지낼 집부터 구할 것이다. 한 달 넘게 나를 품어준 *K에게 더는 신세를 질 수 없다. 아니, 실은 더 그러고 싶지 않은 것이리라.

직방도, 다방도, 피터팬도 살지 않는 완도에서는 도시와는 다른 방식으로 살 곳을 찾아야 한다.

먼저 완도타임스나 완도신문 같은 지역신문의 광고란을 살피는 방법이 있다. 이들 신문에서는 부동산 거래는 물론 구인/구직, 결혼 소식과 초등학교 반장 선거 결과, 재혼 상대 구인에 이르기까지 폭넓은 소식과 정보를 확인할 수 있다.

---

* 그에 대해서는 나중에 더 자세히 이야기할 기회가 있을 것이다.

다음으로는 온라인 커뮤니티를 활용하는 것이다. 완도에는 *'완도 비너스'라는 네이버 카페가 있는데 주마다 발행되는 신문에서 얻을 수 없는 실시간 정보와 뉴스를 확인할 수 있다는 장점이 있다.

마지막은 열심히 발품을 파는 것이다. 완도물정이라고는 조금도 모르는 이방인에, 남성이고, '완도에서 집을 구하려면 신문을 잘 살펴야 한다.'는 교훈을 깨닫기 전 나에게는 이게 유일한 방법이었고...

-

11월의 어느 밤이었다. 여느때처럼 비슷한 이들과 비슷한 곳에서 한 잔 걸치고 K의 집으로 귀가하는데 갑자기 낯설고 후미진 골목이 눈에 들어왔다. 평소라면 눈길조차 주지 않았을 길이다.

그리고 무슨 이유에서인지 모험심이 발동한 우리는 그 골목으로 발길을 옮겼다.

---

* 단, 완도 비너스의 경우 여성만 가입할 수 있으니 참고할 것!

터널처럼 짙은 어둠이 내려앉은 어촌의 뒤안길. 불 켜진 곳 하나 없고, 가로등 불빛도 어찌나 칙칙하고 컴컴하던지. 레이먼드 카버 못지 않은 거구인 나조차 '혼자라면, 두려웠겠다.'고 생각할 정도였다.

그렇게 한참을 숨죽이고 걷던 우리는 한 건물 입구에서 스스로 빛을 내는 무언가를 발견하는데, 가까이 가서 확인한 빛의 정체는 조명이 아닌 유리문에 붙은 A4 용지였다. 한밤에도 잘 보이도록 흰 바탕에 붉은 글씨로 '임대'를 프린트 해둔.

풍파가 고스란히 드러나 있는 건물에는 그 못지않게 오래되어 보이는 '국제문구'라는 간판이 그야말로 '겨우' 매달려 있었다. 그런데 이상하게도 그 모습이 어디에선가 본 것처럼 편안하고 익숙했다.

마침 완도에서 홀로 지낼 곳을 찾던 나는 임차인을 기다린다는 국제문구의 속과 사정을 더 자세히 알고 싶어졌다. 하지만 전화를 걸기에는 늦은 시간이었다.

'집을 보고 싶은데요.'

어쩔 수 없이 문자만 한통 남기고 떠나는데, 왜인지 좋은 예감이 들었다.

장보고대로 248번길 48

 숫자놀이를 좋아한다. 수학이 아니라 그냥 숫자를 가지고 노는 걸. 예를 들면 우연히 눈 앞에 나타나거나 얼떨결에 주어진 숫자에서 의미를 찾고 부여하는 그런 걸 말하는 거다.

 1988년 11월 1일. 나는 나의 탄신일에도 무언가 거대한 의미가 있을 것이라 믿으며 살아왔다.
 이 몸이 세상에 등장한 1988년, 이땅에서는 전야제라도 하듯 올림픽을 개최했으며, 1이 무려 세 개나 있는 생일로 미루어 봤을 때, 내가 마침내 위대하고 특별한 존재로 자라날 것이 분명하다고 말이다.

 그렇다고 사주나 점성학을 맹신하는 건 아니어서 몇 번인가 재미로 본 타로점을 제외하면 아직 점집 근처에도 가본 적이 없다.
 또 남들처럼 좋은 전화번호나 자동차번호를 가지려고 특별한 노력을 하지도 않았다. 그와 별개로 내 전화번호와 자동차번호는 꽤 그럴듯하지만!

그런 의미에서, 국제문구의 도로명주소가 '장보고대로 248번길 48'이라는 건 마음에 쏙 드는 일이었다. 248과 48이라는 숫자의 조합은 보거나 읽기에 안정적이었고, 당시 나의 처지처럼 이판사판으로 읽히기도 했다. 게다가 이 건물은 나와 같은 1988년 태생이다! 이렇게나 오래된 건물이 많은 동네에서 하필이면 1988년에 태어났다니…

아마 이 책 독자들 중에는 대체 그게 무슨 의미가 있냐며 볼에 바람을 채우는 이도 있을 것이다. 하지만 나처럼 우주 만물이 긴밀하게 연결되어 있으며, 시시각각 작용하고 반작용한다고 믿는 인간에게 국제문구의 발견이란 결코 우연한 일이 아니다.

-

장보고대로248번길 48의 3층에 산다는 건물주 어르신께서는 (몇 번이나 반복해서) 국제문구의 집세가 서울과 광주는 물론 완도의 다른 건물들에 비해서도 상당히 저렴하다는 걸 강조했다.

또 이 자리를 거쳐 간 사람들이 모두 대단한 부와 명예를 얻었다고도 했다. 그러고는 문제가 될 한마디를 더 보탰는데, '줄곧 장사를 하던 자리니 자네도 뭔가 해보면 좋지 않겠나?'라는 것이었다.

그때껏 나는 장사나 사업에 대해서 상상해본 적이 없었다. 집을 구할 당시에는 서울에서 시작한 온라인 마케팅과 마케팅 교육 등으로 돈을 벌었는데, 벌이가 대단하지는 않지만 시간과 장소에 구애받지 않는 일이라 만족도가 높았다.
나는 그저 하루라도 빨리 K와 유리되어 독립적으로 지낼 곳이 필요할 뿐이었다. 추가적인 돈벌이가 급한 상황은 더더욱 아니었고.

굳이 장사를 담보하지 않더라도 임대차 계약에는 문제가 없었으리라. 그런데 무슨 이유에서인지 마음 한편에서 '삼십 대가 되었고, 새로운 곳에 왔으니 무언가 도전해봐도 재밌겠다.'는 생각이 들었다.

게다가 국제문구의 월세는 서울 오피스텔의 절반보다도 더 저렴했다. 그러면 아무리 장사가 안되어도 앞으로 1~2년은 충분히 버틸 수 있으리라. 이런 걸 가리켜 건물생심, 아니 견물생심이라고 하던가?

무얼 하면 좋을까? 무얼 해야 재밌을까?
무얼해야 돈을 벌고, 무얼 해야 폼이 날까?

이리로 저리로 꾀를 내는데, 얼마 전 재밌게 읽은 * 브런치 매거진이 떠올랐다. 매거진 제목은 '독립서점 도도봉봉 창업기'!

서울 도봉구에서 '도도봉봉'이라는 귀여운 이름의 서점을 차리는 과정을 담은 이 매거진은 스무 편이 넘는 글을 순식간에 읽게 만들었을 정도로 솜씨 좋고 재미있는 글이기도 했다. 무엇보다 서점 창업에 도움 되는 정보가 잘 소개되어 있었고!

---

* brunch.co.kr / 다음카카오에서 운영하는 블로그 플랫폼.

한편 나는 완도로 이주하기 전 첫 책 '축구하자'를 출간했다. 책 출간기념회는 상암에 있는 '북바이북'에서 열었는데, 책과 맥주를 함께 즐길 수 있는 멋진 공간이었다. 이를 계기로 나는 다양하게 진화하는 서점 문화에 대해서도 작지 않은 관심을 갖고 있었다.

이윽고 나는 다음과 같은 서사를 완성시켰고,

<u>낯선 섬에 닻을 내린 미남 작가,
성처럼 쌓아 올린 서점에서 차기작을 집필한다.</u>

서점 창업을 결심하게 되었다.

며칠 뒤, 다시 건물주 어르신을 뵈었다.

"저, 서점을 해볼까 하는데요?"

그런데 그의 반응이 의외다.

"뭐? 요즘 세상에 누가 서점으로 돈을 벌어!"
"그깟 책 팔아서 얼마나 번다고... 쯧..."

엥? 호통을? 왜죠? 당신이 장사하라 하셨잖아요?

그러나 그의 불호령이 실은 애정에서 비롯된 것임을 알기까지는 그리 오랜 시간이 걸리지 않았다.

어르신 말에 따르면 30년 전 바로 이 자리에 완도 유일의 서점이 있었단다. 그리고 그 서점의 주인장이 다름 아닌 젊은 시절의 건물주 본인이시라고. 전에는 교과서나 참고서, 문제집 등을 학교와 학원에 납품하며 *큰돈을 벌 수 있었으나, 세상과 물정이 바뀐 요즘에는 서점으로 큰 돈을 벌기가 어려워졌단다.

우연이 반복되면 ㅇ누명, 아니 운명이라 했던가?

~~~~~~~~~~~~~~~~~~~~~~~~~~

* 그 옛날에 하루 매출이 2,000만원이 넘을 때도 있었단다.

어르신의 이야기는 분명 서점 창업을 만류하는 것이었다. 하지만 한 편의 신화나 서사시 같은 그의 무용담을 듣는 내내 나의 머릿속에서는 '이건 기회고, 이건 운명이야'가 반복 재생되었다.

이 건물을 발견하고, 이 자리에서 서점을 차리겠다 결심한 것 모두 운명의 신이 보내는 신호가 아니라면 대체 무어란 말인가? 여기, 이곳에서라면 지금부터 성공은 방향이 아닌 시간의 문제이리라.

그날 오후. 완도 제일다방의 창가석에 마주 앉은 김용민 씨와 이종인 군은 부동산 임대차 계약서에 서로의 이름을 적어 넣었다.

독립서점 유람기 1

　이케아에서 서점에 필요한 가구를 주문하고, '도도봉봉 창업기'의 도움을 받아 창업에 필요한 서류 작업도 시작했으나 심각한 문제가 있었다.
　글과 감으로 창업을 배운 탓에 '진짜 서점'에 뭐가 더 필요하고 덜 필요한지 잘 모른다는 거였다. 다짜고짜 서점을 운영하고 있는 선배 사장님들을 만나러 가야겠다는 생각이 들었다.

　단순하게 '독립서점'이라고만 검색해봐도 가보고 싶고 가봐야 할 것 같은 서점들이 잔뜩 있었다. 역시나 독립서점이 가장 많이 있는 지역은 서울로, 그 수만큼 컨셉도 다양했다. 바다 건너 제주와 가까운 광주에도 여러 곳의 독립서점이 있었다. 모두 저마다의 철학과 매력이 있었다.
　어쩌면 서울보다 제주와 광주에 있는 서점을 둘러보는 게 나의 창업에는 더 도움이 될 터였다. 완도는 어느 면에서 제주와 비슷하고, 또 어느 면에서는 광주와 닮아 있으니까.

그 무렵 K도 창업을 선언했다. 무모하고 용감한 나를 보면서 자기도 용기를 얻었단다.

그의 창업 아이템은 '수제맥주펍'으로 완도에서는 독립서점만큼이나 생소하지만 유일할 것이었다. 하지만 창업이 처음인 건 K도 마찬가지였다. 그 또한 나처럼 의욕과 용기만 있을 뿐, 수제맥주펍을 열기 위해서 무엇을 어디서부터 어떻게 준비해야 하는지 알지 못했다.

고민 끝에 우리는 제주 비즈니스 트립(business trip)을 계획한다. 명분은 비즈니스 어쩌구로 거창했지만, 제주를 신나게 한 바퀴 둘러보며 여행하겠다는 단순한 계획이었다.

그렇게 가벼운 마음으로 떠난 제주 비즈니스 트립은 기대한 것 이상으로 좋고 알찼다. 여러 서점과 수제맥주펍에서 힌트를 수집하고, 먼저 창업한 선배님들의 애정어린 조언을 얻으며 나름의 시장조사에도 성공한 것이다.

가장 기억에 남는 곳은 '만춘서점'이었다. SNS를 통해 우리가 제주에 있다는 걸 알게 된 친구가 '지금 김영하 작가님이 만춘서점에 계시다!'며 연락해와 부리나케 달려갔더니, 그가 정말로 게릴라 사인회를 열고 있었기 때문이었다.

'홍대 여신' 요조 님이 운영하는 '책방무사' 또한 영감을 주는 공간이었다. 옛 간판을 보존한 점, 인적 드문 곳에 자리한 점, 잘생긴 점원이 있다는 점 등이 곧 탄생할 완도의 한 서점과 많은 부분에서 닮아 있었다.

술과 책을 함께 즐기는 '알로하서재'도 멋진 공간이었다. 여기서는 독립출판 아이돌로 불리는 최유수 작가의 책 '사랑의 몽타주'를 한 권 샀는데, '종교는 사랑'이라는 그의 작가 소개글이 너무나 로맨틱해서 내 종교는 무얼까 고민하다가 아무래도 역시 '나'인 것 같다는 결론을 내렸다.

제주 일정을 마치고는 완도로 돌아가지 않고 홀로 서울행 비행기를 탔다. 아직 정리하지 못한 무언가를 마무리하기 위해서였다.

독립서점 유람기 2

　서울에서는 사회인 축구팀 FC KARIS의 송년회가 예정되어 있었다. 이번 모임은 지난 5년 동안 선수 겸 감독으로 활약한 나의 은퇴식이자, 새 감독을 발표하는 자리이기도 했다. 송년회가 끝나자 서울 생활이 비로소 깨끗하게 마무리되는 기분이 들었다.

　팀원들과 작별인사를 하고는, 꿈에 그리던 연희동 '책바'를 찾아갔다. 자정이 넘은 시간에도 남은 좌석이 몇 개 없어서 서둘러 자리부터 차지하고 압생트를 주문했다.
　책바에서는 축구를 좋아하는 사장님의 *취향을 곳곳에서 발견할 수 있었다. 축구 없이는 숨쉴 수 없는 인간인 나로서는 무척 반가운 일이었다.
　즐라탄 이브라히모비치만큼이나 거대한 몸을 휘저으며 둘러보는 내 모습이 여간 수상해서였을까? 흠씬 둘러보고 자리에 앉는데, 사장님께서 말을 걸어왔다.

---

* 그는 아스날 팬이다.

"어떻게 오셨어요?"

"저는 완도에서 왔답니다. 그리고 여기 책바처럼 멋진 공간을 만들고 싶고요!"

원래도 훤칠한 사장님 얼굴이 더 환해졌다. 용기를 얻어 서점을 준비중이라는 것과 응원하는 *축구팀에 대한 이야기도 꺼냈다. 그는 퍽 흥미로워하는 눈치였다. 그리고는 완도의 인구와 경쟁 서점 여부 같은 현실적인 문제에서부터, 밤에 일하고 낮에 쉬는 라이프스타일의 장단점에 이르기까지 알찬 조언과 응원을 보태주었다.

책도 한 권 추천해주었는데 '브로드컬리'가 출판한 '제주의 3년 이하 이주민의 가게들 : 원했던 삶의 방식을 일궜는가?'였다. 당장이라도 펼쳐 읽고 싶었지만 어느새 마감이 코앞에 다가와 있었다.

---

* '무리뉴'의 팬인 나는 그때 맨유를 응원하고 있었다.

책바를 떠나 호텔로 가는 길. 그새 낯설어진 서울의 밤이 유독 차갑고 쓸쓸하게 느껴졌지만, 마음만큼은 따뜻했다.

50도가 넘는 독주 때문은 아니었으리라.

독립서점 유람기 3

 완도에 돌아오니 2018년이 되어 있었다. 도배, 페인트칠, 이케아 조립 등으로 바쁘게 살았더니 후다닥 2월이 되었다. 예정되어 있던 세 번째 서점유람을 떠날 시간이었다. 목적지는 완도에서 자동차로 두 시간 거리에 있는 경기도도 전라도도 아닌 광주광역시.

 광주 유람 첫 목적지는 광주극장 뒤편에 자리한 '소년의 서'였다. 책방에 들어서니 라디오가 흐르고 있었는데, 목소리가 익숙해 귀를 기울이니 제주에서 뵈었던 김영하 작가님이셨다. 소년의 서 사장님께서는 낯선 이의 방문에도 따뜻하고 향긋한 차를 건네며 친절하게 맞아주셨다.

 소년의 서를 나와서는 양림동으로 향했다. '라이트 라이프(LITE LIFE)'와 '메이드 인 아날로그'에 가기 위해서였다. 두 곳에서도 어김없이 따뜻하고 가득한 환대를 받았다.

양림동을 떠나서는 광주의 대표 서점 '책과 생활', 무인(無人)으로 운영하는 '연지책방', 이름만큼이나 생명력 넘치는 이야기를 소개하는 '파종모종', 카페 겸 서점 '공백'을 차례로 둘러보았다. 모두 낯선 여행자를 반갑게 맞아주셨고, 유람을 마치니 어느새 한밤이 되어 있었다.

완도로 돌아오는 길에는 서점을 운영하는 분들의 마음씨가 하나같이 아름답고 따뜻하다고 생각했다.
나도 이들처럼 멋진 사장이 되고 싶은데, 그러려면 이리 치이고 저리 치여 달의 표면처럼 울퉁불퉁해진 마음부터 곱게 다듬어야하리라.

-

몇 주 뒤 다시 제주에 방문했다. 1세대 독립서점 '스토리지북앤필름'의 대장 '마이크'님이 진행하는 독립출판&독립서점 워크숍에 참석하기 위해서였다.

한편 제주로 가는 배에서는 내내 *두통에 시달렸다. 뱃멀미 때문은 아니고, K와의 동업 건으로 머릿속이 어수선해진 탓이었다.

K는 아직 가게를 차릴 공간을 구하지 못하고 있었다. 마음에 드는 공간을 찾아도 등기부등본에 문제가 있다거나, 건물주가 갑자기 마음을 바꾸어 계약이 무산되는 일도 있었다. 친구의 고전을 지켜보는 나 또한 마음이 편하지 않았다. 내가 완도에 닻을 내린 게 다 누구 덕이던가? 그리고 친구라면 무어라도 도움을 주어야 하는 게 아닌가! 결국 나는 하지 말았어야 할 말을 꺼내고 말았다. 동업 제안이었다.

사실 먼저 동업에 대한 이야기를 꺼낸 건 K였다. 공간 확보와 맥주 유통망 확보에 어려움을 겪던 K가 서점에서 수제맥주를 팔면 어떻겠냐 물어온 것이다.

~~~~~~~~~~~~~~~~~~~~~~~~~~~~

* 이 두통은 좀처럼 멎지 않고 제주 일정 내내 나를 따라다녔다.

그때만 해도 나는 친구끼리 무슨 동업이냐며, 그런 건 절대로 해서는 안 되는 거라며 완강히 거절했다. 그러나 친구의 거듭된 좌절을 보는 건 고통스러운 일이었고, 나는 내가 그를 구할 수 있으리라 믿었다.

소란스러운 속사정과는 무관하게 제주 무명서점에서 열린 이틀간의 워크숍은 훌륭했다. 마이크 대표의 이야기는 서점 창업을 준비하는 이들의 간지러운 궁금증을 해결해주는 동시에 서점 운영에 대한 기대를 품게 해주었고, 이에 부응하듯 참가자들의 열정도 대단했다.

워크숍을 마치고는 *사우다드라는 이름의 카페에서 시간을 보냈다. 문득 어떤 얼굴이 떠올랐지만, 내게는 우수에 젖어 있을 여유가 없었다. 완도로 돌아가면 K와의 동업 계약을 마무리해야 한다. 커피에서 유독 쓴맛이 났다.

---

* 포르투갈어 'Saudade'는 '향수' 또는 '그리움'을 뜻한다.

2. 공존 共存

K

K와 나는 중, 고등학교 동창으로 소위 '노는 무리'가 달라 친해질 기회가 없다가, 고등학교 학생회에서 함께 활동하며 가까워졌다. 우리는 방학마다 함께 아르바이트를 돈을 벌었고, 대학을 졸업하고는 함께 서울에 정착했다.

K는 사회복지사가 되었다. 대학에서 사회복지를 전공한 그는 이 일을 천직이라 여겼다. 그러나 그에게도 번 아웃이 찾아온다. 끝없는 서류 업무로 인한 회의감, 진로와 미래에 대한 고민, 도전에 대한 갈망이 모두 포함된 전소였다. 가족의 상실 또한 계기가 되었다.

결국 회사를 뛰쳐 나온 K는 당분간 좋아하는 것만 하며 살리라고 결심한다. 먼저 호주로 긴 여행을 떠났고, 한국에 돌아온 후에는 자동차 가득 장비를 싣고 낚시 여행을 시작했다. 오직 배스만을 찾아 호수와 강가를 유랑하던 K를 완도로 이끈 건 우연히 만난 낚시꾼의 무용담이었다.

낚시꾼은 완도에서 돗돔을 낚았다고 했다. 돗돔이 평생 한번 낚기도 어려운 전설의 물고기라는 건 K도 잘 알고 있었다. 홀린 듯 그를 따라 완도로 향한 K는 결국 이 섬에 완전히 닻을 내리게 되었다.

낚시의 천국으로 불리는 곳답게 완도에서는 온갖 종류의 낚시를 즐길 수 있었다. 개중에서 가장 K의 심장을 뛰게 만든 건 일미터가 넘는 물고기와 겨루는 '빅게임 낚시'였다. 하지만 돈이 많이 드는 빅게임을 오래도록 즐기기 위해서는 추가 수입이 필요했다.

완도에도 여러 복지관이 있었고, 그동안의 경력을 활용해 복지관에 자리를 구해볼 수도 있었다. 하시만 K는 결코 과거로 돌아가고 싶지 않았다.

이를 악물고 복지관이 아닌 곳에서 일하며 뱃삯을 대던 어느 날. 그의 고향 친구 하나가 완도행을 선언한다. K가 섬에 정박한 지도 어느덧 6개월이 지난 뒤였다. 친구는 일주일, 딱 일주일만 여기서 머물다 갈 것이라고 했다.

K(좌측)와 나(우측). 영암 국제카트경기장에서.

몸이 가벼운 사람이 더 빠르다. 나는 매번 졌다.

동업일기 1

우리가 동업을 구체화했을 때는 이미 서점의 많은 부분이 완성된 상황이었다.

서점 이름은 '완도살롱'으로 정했는데, 영화 미드나잇 인 파리(Midnight In Paris)에 등장하는 거트루드 스타인의 살롱이 모티브였다. 완도에도 나처럼 예술가의 피가 흐르는 이들이 있을 것이고, 우리가 함께 어울리며 무언가를 한다면 멋질 거라는 기대가 담긴 이름이기도 했다.

서점 인테리어의 하이라이트는 네온사인이었다. 이는 영화 라라랜드(La La Land)에 등장하는 셉스(Sebs)에서 아이디어를 얻었다.

라라랜드를 보는 내내 라이언 고슬링이 분한 세바스찬이 남 같지 않더라니, 얼굴도 닮았는데 비슷한 일을 저지르게 되어 신기했다.

서점의 이름과 인테리어가 수제맥주와도 아주 잘 어울린다는 건 행운이었지만, 심각한 문제가 있었다.

완도는 물론, 주변 어느 도시에도 수제맥주를 취급하는 곳이 없어서 유통이 어려운 것이다. 수제맥주는 보관기간이 짧고 까다로워서 한 번에 많은 물량을 확보해 두는 것도 불가능했다. 몇몇 업체에서는 차를 몰고 가서 직접 맥주를 받아올 수 있었지만, 장기적으로 보면 절대 좋은 방법이 아니었다.

골머리를 앓다가 문득 알로하서재와 책바에서 맛본 칵테일과 위스키가 떠올랐다. 알아보니 위스키와 칵테일용 주류는 수제맥주보다 유통과 보관이 모두 훨씬 쉽고 편리했다. 당시 완도에 위스키와 칵테일을 파는 곳이 없다는 것도 커다란 장점이었다. 주종을 바꾸지 않을 이유는 어디에도 없었다.

K가 나의 제안을 수락하면서 우리는 '서점&바'로 컨셉을 수정했다. 그러나 공지한 *개업일이 코 앞에 다가와 있었다. K는 주류에, 나는 서가를 맡아 집중하는 것으로 남은 시간을 보냈다.

---

* 2018년 3월 21일. 카운트다운의 의미가 담겨 있다.

정식 오픈 전날에는 K와 함께 참여하던 *랭귀지 익스체인지(Language Exchange) 모임의 친구들을 초청했다. 일종의 오픈 전야제였다.

그러나 우리는 부족한 시간과 준비를 티내듯 크고 작은 실수를 연발했다. 친구들은 초보 사장단을 너그럽게 지켜보고 기다려주었지만, 한 번 급해진 마음은 쉽게 다잡을 수 없었다.

뻘뻘 땀을 흘리며 친구들을 대접하는데 설상가상으로 얼굴을 모르는 손님까지 완도살롱을 찾아왔다. 처음에는 아직 정식 오픈이 아니라며 정중히 돌려보내고자 했으나, 이내 반갑고 고마운 마음에 자리를 안내했다. 완도살롱의 첫 정식 손님이었다.

배우 이정재를 똑닮은 첫 손님은 자신이 같은 건물 2층에 사는 어부라고 소개했다.

~~~~~~~~~~

* 언어 및 문화 교류 모임. 학교에서 근무하는 원어민 영어 교사를 포함해 로컬, 이방인, 학생 등으로 구성되었다. 코로나 전에는 매주 화요일 저녁 완도살롱에서 모임을 가졌다.

게다가 그는 우리와 똑같은 1988년생이었다! 대화를 나누면 나눌수록 왠지 이 남자와 친해질 것 같다는 예감이 들었다. 그는 기분좋게 여러 잔의 위스키와 칵테일을 비워내고는 다음을 기약하며 자신의 집으로 돌아갔다.

전야제를 마치고 우리는 두 가지를 배웠다. 장사가 정말이지 조금도 우아하지 않다는 것과 더 많이 공부하고 연습해야겠다는 책임감이었다. 일주일, 아니 제발 하루라도 더 준비할 시간이 있으면 좋겠다는 생각이 들었다.

그러나, 우리의 걱정은 기우였다. 불행인지 다행인지 정식 오픈 이후에는 손님이 많지 않았고, 덕분에 연습과 준비에 충분한 시간을 벌고 실력마저 기를 수 있던 것이다. 그사이 이정재는 완도살롱의 첫 단골이 되었다.

동업일기 2

K는 4월 내내 우울한 모습이었다. 무슨 일인지 물으니 4월에 가족의 기일이 있어서 그런 거란다. 함께 술을 마시고 시간을 보내는 것 밖에는 해줄 수 있는 것도, 할 수 있는 것도 없었다. 그저 시간이 흐르면 괜찮아지리라 믿을 수밖에.

K의 우울은 4월이 지나고 오히려 더 복잡해졌다. 예상보다 적은 수익, 동업 과정에서 비롯된 다툼과 감정 소모 등이 우리를 괴롭혔기 때문이었다. 그리고 그런 그의 모습에 나 또한 불만과 스트레스가 누적되기 시작했다.

그러나 전쟁 중에도 새 생명이 태어나고, 버려진 섬에도 꽃이 핀다고 했던가? 여름의 시작과 함께 K가 연애를 시작한 것이다!

이 러브스토리에는 나도 어느 정도 지분이 있다. 제법 마음을 설레게 만드는 아름다운 이야기이므로, (두 사람의 동의를 얻어) 이 자리에서 소개하겠다.

나 홀로 완도살롱을 지키는 날이었다. 여성 세 분이 손님으로 오셨는데, 왜인지 그중 한 분과 K가 아주 잘 어울릴 것 같다는 느낌이 강력하게 들었다.

그녀는 마침 남자친구도 없다고 했다. 나는 넌지시 K의 존재를 언급했다. 친구이자 동업자인 핸섬가이가 있는데, 나중에 꼭 만날 일이 있을 거라며...

다음날 K에게도 그녀 이야기를 했다. 그런데 반응이 의외. 반가워하리라는 예상과 달리 대수롭지 않다는 듯 심드렁한 것이다. 그로부터 며칠 뒤, 나는 K의 표정과 말투가 연기적인 것이었음을 깨닫게 된다.

며칠 뒤 K와 함께 근무하는 날. 그런데 그녀들이 다시 찾아왔다. 아무래도 만날 인연이었던 게지!

서로 소개해주고 슬쩍 물러나 있는데 K의 태도가 수상했다. 먼저 말을 거는 등 적극적으로 그녀에게 다가가는 것이다. MBTI는 I로 시작하고, 건전지도 아니면서 스스로 혈액형이 트리플 A형이라고 말하는 K답지 않은 행동이었다.

그로부터 다시 몇 주 뒤. 나는 *두 사람이 연락처를 교환했으며, 몇 번인가 함께 식사도 했다는 이야기를 듣게 되었다.

~~~~~~~~~~~~~~~~~~~~~~

* 2년 뒤 이들은 함께 버진로드를 걸었다. 사회는 내 몫이었고.

동업일기 3

　연애를 시작하고 K는 한결 표정이 밝아졌다. 그런데 이번에는 다른 문제가 생겼다. 친한 손님 몇몇이 K가 홀로 근무할 때마다 그의 여자친구가 찾아와서 꽁냥댄다며 내게 제보해 온 것이다.

　처음에는 그러다 말겠거니 했지만, 계속해서 손님들의 제보가 이어지면서 원래도 좋지 못한 내 인내심이 한계에 이르렀다.

　K를 불러내 공과 사는 구분하면 좋겠다는 의사를 전했다. 그런데 K가 오히려 성을 냈다. 도대체 뭐가 문제냐는 것이다. 그러고는 사실 그녀가 살롱에 몇 차례 오지도 않았으며, 와 있을 때조차 눈살을 찌푸리게 만드는 행동은 결코 하지 않았다고 말했다.

　듣고 보니 그의 말에도 일리는 있었다. 허나 완도살롱은 그의 사업인 동시에 내 일터였고, 우리들의 가게였다. 그러므로 동업자의 연인이 업장에 찾아와 함께 시간을 보내는 문제는 두고 볼 수 없는 일이 아닌가?

고백하건대, 나도 훌륭하고 완벽한 동업자는 아니었다. 어떨 때는 동업자를 완전히 믿지 못했고, 어떤 면에서 동업자가 나보다 못하다고 생각하기도 했다.

그래서였을까? 나는 가끔 동업자의 자존심에 상처가 될 말을 서슴없이 내뱉기도 했다. 이를테면 K의 내성적인 성향이 서점과 바를 함께 운영하기에는 아무래도 부적절하니 개선해 보라던가, 손님들 립서비스에 취해 네가 근무할 때보다 내가 근무할 때 손님도 *매출도 더 많은 것 같다고 말한 것이다.

물론 나도 성급한 면이 있었다. 손님들 말만 듣고 따져 물을 게 아니라 K와 충분히, 그리고 차분하게 대화를 나누었다면 더 나았을 것이다. 어쩌면 사소한 이 일이 다툼으로 번진 것에는 그동안 쌓인 오해도 한몫을 했으리라. 때마다 나름대로 해결했다고 생각했으나 미처 풀리지 않았던 오해가.

~~~~~~~~~~~~~~~~~~~~~~~~

* 장부를 대조해 본 결과 오히려 K가 근무할 때 매출이 더 많았다. 손님도 더 많고.. 너무너무 창피...

그날 이후 K와 다툴 때마다 애초에 동업하는 게 아니었다는 생각이 자꾸만 머릿속을 맴돌았다. 이후 우리는 자주 그리고 점점 더 크게 다퉜다. 얼마나 격렬했냐면 몸싸움까지 번지지 않은 게 신기할 정도였다.

만에 하나 주먹다짐으로 이어졌다면 두 사람 모두 어느 한 군데가 찢어지거나 부러졌을 것이다. 그 정도로 우리 사이 감정의 골은 뾰족해져 있었다.

날카롭고 건조하던 관계의 어느 날. 이번에는 K가 진지하게 할 말이 있다며 나를 불러냈다. 그러더니 갑자기 동업을 그만하고 싶단다.

엥? 갑자기? 대체 무슨 이유로 그러느냐는 물음에 그는 살롱에 자신의 것이 하나도 없다는 생각이 들었다고 했다. 본인은 장사 체질이 아닌 것 같다는 말도.

그의 말은 일정 부분 사실이었다. 이름, 인테리어, 책과 술을 비롯한 메뉴에 이르기까지 완도살롱은 그가 아니라 내가 꿈꾸고 그린 것들로 가득 채워져 있었으니까.

속으로는 나도 동업을 끝내고 싶다는 생각을 하고 있었지만, K에게 먼저 그 이야기를 들으니 씁쓸했다.

하지만 두 사람이 같은 생각을 하고 있다면, 일처리를 미룰 이유가 없었다. 이별 직전의 연인들처럼 생각해 볼 시간도 필요하지 않고.

"그래. 그만하자."

나의 한마디로 우리의 짧고도 긴 동업은 끝났다. 이제 동업보다 더 피곤한 게 남아 있었다. 서류며 돈 같은 현실적인 문제를 갈음하는 일이었다. 하지만 그 또한 K가 제시한 *조건을 내가 이견 없이 수락하면서 빠르게 정리할 수 있었다.

그렇게 우리는 동업자에서 친구로 돌아갔고, 나는 다시 혼자가 되었다.

~~~~~~~~~~~~~~~~~~~~~~~~~~~~~~

* 지분 명목으로 투자금을 돌려 달라는 것이었다. 목돈이 나가게 되어 부담이었지만 아무래도 좋았다. 박살난 파트너십과는 별개로 오랜 친구를 잃을 필요는 없으니.

동업일기 4

서른 한 번째 생일이던 2018년 11월 1일에는 큰 선물을 받았다. 10월 31일부로 K가 떠난 것이다.

동업이 끝나 마음은 한결 가벼워졌으나 몸은 그렇지 못했다. 화장실도 마음 편히 못 갈뿐더러, 출장이라도 가게 되면 꼼짝없이 닫아야 했다.

급기야 *크게 앓아눕기도 했는데, K가 떠난 후에도 전처럼 일주일 내내 가게 문을 열어 보이겠다며 고집을 부린 게 화근이었다.

인생에는 원래 대타가 없다지만, 대타가 없어 서글픈 삶이 몇 달이나 계속되었다. 행사가 있을 때는 단골들이 흔쾌히 도움을 주었고, 가끔은 관계를 회복한 '일일 직원 K'의 도움을 받기도 했다.

하지만 모두 미봉책이었다. 시스템의 근본적인 문제를 해결하지 않으면, 독재자의 말로처럼 쓸쓸하고 고독한 길을 걷게 될 것이 술을 보듯 뻔했다.

~~~~~~~~~~~~~~~~~~~~~~~~~

* 나는 이때를 기점으로 종종 큰 몸살을 앓거나, 원인 모를 두통에 시달리게 되었다. 어쩜 나이가 들어 그런 건지도 모르겠지만...

고민 끝에 떠올린 해법은 두 가지. 휴무일을 만들거나 직원을 고용하는 것이었다.

일주일에 하루나 이틀 정도 가게를 닫고 쉬면 몸도 마음도 편해지리라. 그러나 돈을 덜 벌게 될 것이니 보수적인 선택지다. 이에 비해 직원을 고용하는 것은 더 적극적인 방법이 될 것이다.

한편 나는 완도살롱을 창업하기 전 네 곳의 회사에 다녔다. 이력도 제법 화려한데 첫 회사에서는 2년, 두 번째는 6개월, 다음은 3개월, 마지막 회사에서는 2주 만에 '모두' 제 발로 걸어 나온 것이다. 나의 퇴사에는 공통점이 하나 더 있다. 아무런 계획이나 대책 없이 탈출했다는 것이다. 덕분에 퇴사할 때마다 방황을 피할 수 없었다.

한때는 엉덩이에 뭐라도 난 사람처럼 한곳에 오래 머물지 못하는 나를 원망하기도 했다. 어쩌면 내가 회사 부적응자나 단체생활 부적격자는 아닐까 스스로를 의심한 적도 많았고.

그러던 어느 날. 나는 의심의 방향과 장르를 바꾸기로 마음 먹었다. '어쩌면 내가 프리랜서나 사장에 더 어울리는 사람은 아닐까?' 하는 것으로!

그리고 이 반전과 전환은 마침내 나를 완도살롱의 독재자로 만들어 주었다. 언제나 적극적으로 움직일 때 해답을 얻을 수 있다는 것도 배웠고.

며칠 뒤, 구인공고를 냈다. 지역신문 완도타임스에 올린 구인공고가 한동안 완도에서 꽤 큰 반향을 불러일으켰는데, 그 내용은 다음과 같다.

서점&바 완도살롱 직원 채용

20-30대 여성 / 경력무관

아, 그리고 손님도 구합니다 :)

동업일기 5

　완도살롱 첫 직원과 두 번째 직원은 비슷한 시기에 고용되었다. 두 분 모두 매력적인 *여성이었고, 완도살롱의 손님으로 먼저 알았다는 공통점이 있었다.

　안면이 있는 이들을 고용한 건 사람을 잘 믿지 못하는 내 모난 성향을 고려한 것이었다. 리스크를 줄이려면 조금이라도 대화를 더 나눠 본 사람이 낫고, 완도살롱 사장으로서의 나에 대해 조금이라도 더 아는 사람을 고용하는 게 좋겠다고 판단한 것이다.

　하지만 직원을 고용하면 일이 줄어들 거라는 예상은 보기 좋게 빗나갔다. 인수인계와 교육으로 오히려 일이 더 늘어난 것이다. 물론 그들이 제대로 정착한다면 그토록 원하는 자유를 얻게 되겠지만.

　뭐든 시행착오가 있기 마련이라더니, 첫 직원을 채용한 지 한 달도 안되어 해고를 통보하게 되었다. 그녀와는 여러 면에서 인연이 아니었다.

~~~~~~~~~~~~~~~~~~~~~~~~~~

*　아! 여성 직원만 채용한 까닭은 무어냐고? 그건 음양의 조화 때문이다. 완도살롱은 이미 완성형 남성을 보유하고 있으므로...

채용 전 완도살롱 방문이 몇 차례에 불과했던 첫 직원과 달리, 두 번째 직원과는 1년 정도 손님으로 알고 지낸 사이였다.

시간의 힘이었을까? 직원 2호는 무사히 완도살롱 연착륙에 성공했다. 그녀는 완도의 한 병원에서 정규직으로 근무하면서 일주일에 3일 정도 완도살롱에 출근하는 투잡러였는데, 일이 겹치는 날에는 무척 피곤했을 텐데도 조금도 고된 기색을 내비치지 않았다. 인성은 물론 근무태도도 좋아서 남녀노소 모두 그녀를 높게 평가했다.

아쉽게도 2호 직원과는 단 2개월 동안만 함께 일할 수 있었다. 그녀가 완도를 떠나게 되었기 때문이었다.

한편 지금도 가끔씩 그녀의 안부를 묻는 손님이 있다. 약속하건대, 만약 그녀가 살롱에 돌아오고 싶다면 언제든 자리가 있을 것이다.

사람들

완도살롱 손님은 크게 로컬, 이방인, 여행자의 세 종류로 구분할 수 있다.

로컬은 완도에서 나고 자란 사람들이다. 진학과 취업을 위해 섬을 떠났다가 돌아온 이들도 이 범주에 포함된다. 로컬의 특징 중 하나는 몹시도 '익명성'을 갈구한다는 것이다. 이들은 지역사회에서 벗어나기 위해 '섬 속의 섬' 완도살롱을 찾는다. 그리고 대부분 단골이 된다.

이방인들은 보통 취업이나 결혼을 계기로 오는데, 공중보건의나 원어민 교사처럼 짧게는 1~2년의 계약 기간 동안만 머무르기도 한다.

완도살롱은 이방인에게 완도에서 유일하게 새로운 친구를 만나고 사귈 수 있는 *공간으로 기능해 왔으며, 이들 또한 높은 확률로 완도살롱 단골이 된다.

~~~~~~~~~~~~~~~~~

* 사장님 기분과 가게 분위기가 모두 좋으면 손님들에게 자기소개를 시킨다. 자신을 드러내고 싶은 이방인들에게는 절호의 찬스!

완도를 찾는 여행자는 대부분 완도읍이 아니라 청산도나 명사십리 해수욕장, 보길도에 가려는 사람들이다. 그들에게 완도살롱은 관광안내소가 되어주기도 했다. 완도군청 관광과에서 아직 감사패나 훈장을 주지 않은 건 커다란 미스터리고. 감사하게도 여행자들 또한 높은 확률로 *단골이 된다.

감각적인 공간과 나이트 라이프의 선택지가 다양하지 못한 이 섬에서 고객의 재방문율이 높다는 건 전혀 우쭐할 이야기가 아니다. 하지만 명절 연휴나 휴가철마다 잊지 않고 완도살롱을 찾아주시는 분들을 보면 영원히 이 공간을 파괴하고 싶지 않은 마음이 든다.

단골이 많은 가게란 어쩌면 오래도록 변함없이 한 자리를 지키는 가게일지도 모른다.

~~~~~~~~~~~~~~~~

* 완도살롱의 단골 기준은 꽤 관대하다. 편리한 접근성을 고려해 '1년에 두 번 혹은 한 번이라도 찾아와 주신다면 대단히 감사합니다.'라고나 할까?

단골도 다시 두 종류로 구분할 수 있는데, 살롱에서만 얼굴을 보는 '고객'과 바깥에서도 관계를 맺어나가는 '친구'다.

전자라면 불편하거나 어색할 일이 적겠지만, 후자의 경우 관계를 맺어나가는 과정에서 리스크를 감수해야 한다. 관계가 틀어지면 손님도 잃기 때문이다. 그러므로 손님과 친구가 되는 건 운영자에게 굉장한 용기가 필요한 일이라고 할 수 있겠다.

안타깝게도 지금껏 나와 완도살롱은 많은 손님과 친구를 잃고 말았다. 그리고 지금에 와서는 이 과정에도 일종의 패턴이 있다는 걸 알게 되었다.

1. 혼성 손님 그룹이 형성된다.
2. 손님 그룹은 단골 그룹이 된다.
3. 그룹 전체 또는 일부가 외부에서(도) 만난다.
4. 높은 확률로 그들은 사랑에 빠지고…
4a. 아! 사랑은 일방적인 경우도 있다.

5. 그리고 사랑은 언제나 생채기를 남기지…

6. 묘한 기류가 흐르고, 그룹이 점점 와해된다.

7. 그룹의 멤버가 하나둘 살롱에(도) 오지 않는다.

8. 사장님은 슬픔에 잠긴다.

9. 다시 손님 그룹이 탄생한다.

9a. 사실, 손님 그룹에는 사장님도 포함되어 있다.

10. 2~8 반복

11. 제기럴! 사장님은 붕괴되기 시작한다…

12. 10~11 반복

13. 12 무한 반복…

매력적인 남녀가 모인 집단에서 사랑의 발병이란 막을 수도 없거니와 매우 자연스러운 일이지만, 누군가에게는 위험을 떠안는 일이기도 하다.

그러나 완도살롱 사장님은 여전히 사람들을 좋아하고, 손님들도 미남 사장을 퍽 좋아하는 것으로 보인다. 그러므로 이 가여운 순환의 고리는 반복될 것이다. 완도살롱이 존재하는 한 영원히…

외국인들

  완도에는 많은 외국인이 산다. 이들은 크게 양식장이나 공장, 어선 등지에서 일하는 근로자와 학교에서 근무하는 원어민 영어 교사로 나눌 수 있다. 전자는 동남아시아나 러시아, ~스탄에서 온 이들이 많고 후자는 당연하게도 영어권 국가에서 온 이들이 많다. 성별과 나이는 모두 제각각이고.

  여기서는 한동안 가깝게 지냈던 원어민 교사들의 이야기를 하려고 한다.

  랭귀지 익스체인지는 원어민 교사를 주축으로 형성된 모임이다. K가 완도에 오기 전부터 시작된 이유서 깊은 모임은 낯선 도시에 온 원어민 교사들과 인간적, 문화적 갈증을 느끼는 완도 로컬들에게 일종의 해방구 역할을 해왔다.

  랭귀지 익스체인지 멤버로 활동하던 나와 K가 함께 완도살롱을 창업하면서, 완도살롱은 2018년부터 2020년 초까지 약 2년간 랭귀지 익스체인지의 보금자리로 기능하는 영광을 누렸다.

모임시간은 완도살롱 영업과 겹치는 매주 화요일 20시부터였는데, 사장님들 마음이 어찌나 넓으신지 대관비도 고사하고 1인 1메뉴 주문을 독촉하지도 않았단다.

전남에서 일하는 원어민 교사는 대부분 *해외취업 에이전시를 통해 오는 것이라 한다. 해외취업을 꿈꾸는 영어권 국가 청년들에게 원어민 교사는 아주 좋은 직업으로, 집(관사)가 제공되는 데다가 급여도 많고 방학도 있기 때문이다.

어느 해에는 완도 원어민 교사 삼분의 일이 남아프리카 공화국 출신이었다. 남아공 출신이 많은 이유가 궁금해 물었더니, 남아공 경제와 급여 수준이 좋지 않으며, 신분/남녀/인종차별도 여전하다는 이야기를 들을 수 있었다. 자국의 춥고 어두운 그늘에서 벗어나려 머나먼 아시아의 섬까지 온 것이었다.

~~~~~~~~~~~~~~~~~~~~~~~~~~~~~~

* 몇몇은 대학교 자체 프로그램을 통해 오기도 하는데 수가 적다.

한편 미국이나 영국, 호주에서 온 친구들에게 왜 왔는지를 물으면 adventure, 즉 젊은 날의 모험을 위해 왔다고 답하는 이들이 많았다. 물론 K-POP과 K-CULTURE가 좋아서 한국에 온 친구도 있었고.

원어민 교사들은 국적에 상관없이 모두 열심히 한국어를 배우고 한국 음식과 문화를 받아들이려 노력했다. 방학이 오면 산과 들, 바다와 해외로 여행을 떠나는 것에도 아주 열심이었다. 젊은 날을 헛되이 보내지 않으려는 듯 최선을 다해서.

랭귀지 익스체인지는 코로나가 창궐한 2020년을 마지막으로 무기한 중단되었다. 거리두기와 집합금지 조치로 모임을 여는 게 불가능해진 탓이었다.

외국인이며 교사인 그들 신분도 팬데믹에서는 족쇄처럼 작용했다. 팬데믹 기간 동안 어떤 친구들은 계약 기간만을 겨우 채우고 고국으로 돌아갔으며, 또 어떤 친구들은 완도가 아닌 다른 지역의 학교와 학원으로 떠나 돌아오지 않았다.

랭귀지 익스체인지의 한국인 멤버들은 손님으로 가끔 완도살롱을 찾았으나, 예전만큼 즐거운 얼굴이 아니었다. 외국인 친구, 아니 친구인 외국인이 모두 어딘가로 사라졌기 때문이려나?

 지금도 어딘가에서 인생과의 대결을 펼치며 모험하고 있을 친구들의 건투를 빈다. 꼭 다시 만날 수 있기를.

공보의들

완도에는 피부과가 없다. 가장 가까운 피부과는 40km나 떨어진 해남에 있다. 마음만큼 피부가 투명하고 연약한 내게는 불편한 일이다. 그러나 불평하지 않겠다. '섬살이'란 피부과의 유무보다 더 큰 불편을 기꺼이 감수하는 일이니까.

한때는 완도에서도 피부과 진료를 받을 수 있었다. 피부과 전문의 한 명이 완도읍 보건의료원에서 공중보건의로 근무할 때였다.

외국인 근로자와 원어민 교사, 그리고 지금 이야기할 공중보건의까지. 완도는 이처럼 부족한 인프라와 서비스 인력을 외부에서 공급받고 있다. 로컬들에게는 아주 고마운 시스템이다. 하지만 공보의들에게 완도는 험지 중 험지로 꼽힌다.

지구 어딘가에는 직접 뽑은 바둑알의 색으로 입대 여부를 결정하는 나라가 있다는데... 완도에 발령난 공보의들은 자신들 처지를 그에 빗대곤 한다. 운명의 신이 자신들을 저버렸다며.

공보의들은 접근성이 떨어지는 지역에서 근무하면 일종의 이동 점수를 얻는다. 그리고 이렇게 얻은 점수는 다음 해에 더 나은 지역으로 근무지를 옮길 확률을 높여준다. 일종의 보상이자 가점인 셈이다.

하지만 첫 1년을 완도읍에서 근무하면, 이듬해에는 점수를 얻기 위해 부속 도서로 가야 한단다. '운이 나빠서' 공보의 1년 차에 완도읍에 떨어지면 3년 중 2년을 완도에서 보내야만 하는 것이다.

하지만 초반의 우려와는 달리 공보의들은 섬에 잘 적응하고 여가도 알차게 보내는 편이다. 이곳에서만 즐길 수 있고 배울 수 있는 걸 찾는다거나, 평소 하고 싶었던 공부를 하고, 몸과 마음을 다스리며 사는 것이다. 어쩌면 그들은 완도에서 가장 바쁘게 사는 종족일지도 모른다.

한편 나는 해마다 완도살롱을 찾아오는 공보의들에게 괴팍한 질문을 던지곤 하는데,

'만약 의대에 진학하지 않았거나, 의사를 그만두면 무얼 하고 싶느냐'는 것이다.

카페를 차리겠다.
돈 많은 백수가 되고 싶다.
투자 공부를 하겠다.
음악가가 될 것이다.

다양한 대답이 이어지는 가운데 인상적인 건, 완도 살롱 같은 곳을 차려서 운영해보고 싶다는 이가 적지 않다는 점이다. 약간의 립 서비스도 섞여 있겠지만.
그들의 대답을 곱씹으며 만약 5년 전 완도에 남는 걸 선택하지 않고 서울로 돌아갔더라면 나의 운명은 어떻게 되었을까 상상한다. 나를 이 섬에 오게 만든 게 바둑알이 아니어서 참 다행이라는 생각도.

이웃들

　전라남도 완도군은 총 265개의 섬으로 구성되어 있다. 제국의 심장이자 수도인 완도는 그동안 청산, 노화, 보길, 금일 등 인근 섬에서 새로운 기회와 삶을 찾아 떠나온 이들을 품어 주었고, 완도에 뿌리내린 이방인들은 다시 이 섬을 찾아오는 누구에게나 마음을 열고 기회를 내어주었다.

　시골과 섬, 그리고 그곳에 사는 이들에 대해 잘못 알려진 이야기 중 하나는 텃세가 심하다는 것이다. 외지인이 가게를 차리면 현지 주먹들이 행패를 부린다던가, 괴소문을 퍼뜨리고, 매일같이 분뇨를 문 앞에 퍼붓는다는 식의 괴담들...
　내가 완도에서 일을 벌이겠다고 했을 때, 지인들의 가장 큰 걱정도 텃세나 해코지를 당하지 않겠냐는 것이었다. 하지만 나는 걱정하지 않았다. 서점도 바도 완도에 없는 새로운 것이었고, 그 말인즉슨 적어도 누군가의 밥그릇을 빼앗는 것이 아니기 때문이었다.

지인들의 걱정이 기우였다는 걸 증명이라도 하듯, 나와 완도살롱은 지금껏 마음씨 좋은 분들의 크고 작은 도움을 받았다. 귀엽게는 김장철마다 정성스레 담근 김치를 문 앞에 몰래 두고 가는 우렁 각시들부터, 영원히 완도에 정착하라며 배필을 소개해주겠다는 분들까지.

지금껏 한 번도 실제로 소개팅을 주선해주신 분들은 없지만... 모두 고마운 말씀과 마음들이다.

받은 마음과 도움을 되돌려 드리는 방법이 무얼까 고민하다가, 섬을 떠나기 전 무얼 남길 수 있을까에 생각이 이르게 되었다. 왜 그런 말도 있지 않은가? 떠난 자리가 아름다운 사람이 멋진 사람이라고.

다시 생각이 달음해 완도를 떠나지 않고, 빈자리도 만들지 않는다면 그거야말로 아름다우리라는 곳에 정착한다. 여기 완도살롱 폐업기에 어울리는 문장은 아닐 테지만.

동업일기 6

H는 서울에서 온 손님이었다. 첫 방문 이후 SNS 친구가 되어 1년에 몇 번 안부만 주고받는 사이였는데, 어느 날 갑자기 그녀가 이상한 제안을 해왔다.

오랫동안 다니던 회사를 관두게 되어 쉴 겸 놀 겸 완도에 갈 것인데, 완도에 머무는 동안 완도살롱에서 일하고 싶다는 것이다. 그 틈을 타서 사장님 당신은 해외여행을 다녀오시든가 하라네?

평소 H에게 엉뚱하고 당돌한 면이 있다는 건 잘 알고 있었지만, 성향을 고려하더라도 이는 아주 파격적인 제안이었다. 하지만 흥미로운 제안이기도 했다.

나는 창업 이후 한 번도 제대로 된 휴가를 갖지 못하고 있었다. 해외여행은 언감생심, 상상조차 할 수 없었고. 하지만 이렇게 앞만 보고 달리다가는 금방이라도 번 아웃이나 매너리즘이 찾아올 것 같았다.

그래서였을까? 나는 당돌하지만 당당한 H의 제안이 꽤 매력적이라고 생각했다.

한편 H는 완도에 나 말고도 다른 지인이 있었다. 그녀의 대학 동기 J가 몇 년 전 서울을 떠나 완도로 이주했기 때문이었다. H를 처음 완도살롱에 모셔온 사람도 J였고. J의 존재는 내가 H의 제안을 수락하는 데 큰 지분을 차지했다. 그런데 이거 스토리가 어째 K와 나의 사연과 비슷해지는데?

몇 주 뒤 H는 한 남자와 함께 완도에 왔다. 동행은 그녀의 남동생이었다. 국문학 전공자라는 동생 H는 방학을 알차게 보내기 위해 완도에 온 것이라 했다. 누나를 지키고 도우며 무급으로 일하겠다는 말도...

그렇게 2주 간의 온 더 잡 트레이닝이 시작되었다. 나는 교육이 끝나는 대로 이탈리아를 여행할 계획을 세웠다. 그런데 왜 하필 이탈리아냐고? 그건 로미오와 줄리엣, 아니 더 정확히는 줄리엣 때문이었다.

(3장에서 계속..)

3. 불사 不死

줄리엣과 베로나

내 이탈리아 여행 계획을 들은 사람들은 도대체 왜 베로나에 가려는 거냐고 물어왔다. 밀라노, 피렌체, 베네치아는 알겠는데 베로나에는 뭐가 있냐며.

나는 그때마다 그럴듯한 계획이 있다고 했다. 베로나에서 운명의 상대를 만날 계획이.

운명을 계획하다니! 모순이라고? 하지만 지금껏 책을 열심히 읽었다면 여러분은 이미 이종인이라는 작자가 운명과 인연을 제법 심각하게 믿고 따른다는 걸 잘 알고 있을 것이다.

나는 여기서 한 발 더 나아가 운명을 만들어낼 수 있다고도 믿는다. 인류의 자랑 아이작 뉴턴 선생은 질량을 가진 모든 것들은 서로를 끌어당긴다고 했다.

그리고 어디에선가 컴퓨터 데이터에도 질량이 있다는 말을 들은 적이 있다. 데이터조차 그러한데 마음이라고 질량이, 끌어당기는 힘이 없을까? 그러므로 간절히 원하고, 마음에 마음을 더하면 끌어당길 수 있으리라. 사랑, 운명, 부귀와 영화 모두.

나로 하여금 베로나를 꿈꾸게 만든 건 아만다 사이프리드 주연의 영화 '레터스 투 줄리엣'으로, 이 영화는 베로나 줄리엣의 집에 방문한 작가지망생 소피가 우연히 50년 전에 쓰여진 러브레터를 발견하고 편지 속 주인공들을 찾아 나서는 이야기다.

베로나에는 영화에 등장하는 줄리엣의 집과 발코니가 실재한다. 이곳은 매년 수많은 여성이 찾는 관광명소이기도 하다. 이들은 줄리엣의 집 안뜰에 있는 줄리엣 동상의 가슴 한쪽을 만지면 사랑이 이루어진다고 믿으며, 영화에서와 마찬가지로 줄리엣에게 자신의 사랑을 염원하는 *편지를 써 부친다.

내가 운명의 상대를 만날 거라 호언장담한 것에는 이런 배경이 있었다. 진정한 사랑을 찾는 그녀들이 기다리는 베로나에 나를 내던지고, 기꺼이 그녀들의 운명이 되어 주겠다는.

---

* 지금은 이메일을 쓰는 것으로 바뀌었다.

게다가 *세리에 A, 아니 어쩌면 지구상에서 가장 치열한 라이벌 매치 중 하나인 '밀라노 더비'가 나의 여행과 맞물려 예정되어 있었다.

나는 이 역시 운명의 한 조각이라고 생각하며 입장권을 예매했다. 마음에 드는 좌석까지 확보하며 여행 전 기분은 최고조!

베로나, 줄리엣, 운명의 상대와, 밀라노 더비까지. 여행 전부터 나는 이미 황홀경에 빠져 있었다. 이제 모든 게 계획대로 흘러가기만 하면 되는 것이다.

---

* 이탈리아 프로축구 1부 리그인 세리에 A는 영국 프리미어리그, 스페인 라 리가, 독일 분데스리가와 함께 세계 4대 프로축구 리그로 불린다.

'간절한 마음을 담은 사랑의 터치'
베로나 줄리엣의 집에서

이태리 견문록

 무언가를 가르치고 배우기에 2주는 결코 충분한 시간이 아니었지만, H 남매가 훌륭한 태도로 열심히 임해준 덕에 마음 편히 떠날 수 있었다. 사실 믿는 것 외에 별다른 방법도 없었다. 그런데 신기하게 전보다 마음이 더 놓였다. 의심도 병이라던데 진작 사람들을 좀 믿어볼 걸 그랬나?

 한편 출국일이 다가올수록 국내외 상황은 심상치 않게 흘러갔다. 중국에서 창궐한 무시무시한 바이러스가 번져 한국에도 서른 명 넘는 감염자를 낳았기 때문이었다.
 이쯤 되자 가족과 지인들이 여행을 만류하기 시작했다. 그러나 당시 이탈리아에는 코로나 확진자가 한 명 뿐이었다. 나는 오히려 한국보다 이탈리아가 더 안전할 거라며 그들을 달랬다. 오랜만의 해외여행에 들뜬 마음을 내려놓기도 쉽지 않았고.

 마지막까지 고마운 걱정을 보태준 지인들에게는,

"제 운명과 계획에는 코로나가 없어요~"

이렇듯 속 편한 소리를 했다. 사실 나도 있는 겁에 없는 겁까지 잔뜩 집어먹고 있었지만...

이탈리아로 가는 비행기에서는 '로미오와 줄리엣'을 읽었다. 원작의 잔인하고 적나라한 내용과 묘사는 내게 적지 않은 충격을 주었다. 무엇보다 줄리엣과 로미오의 운명이 참으로 슬프고 아련한 것이어서 마음아팠다.

하지만 나 이종인은 그들과는 다를 것이다. 무사히 이탈리아에 도착하기만 한다면 찬란한 무지갯빛 행복이 나를 기다리고 있을 테니까!

첫 도시 밀라노에서는 5일 동안 머물렀고, 로컬의 삶을 보고 경험하며 시간을 보냈다. 이를 통해 에스프레소는 서서 단숨에 마셔야 한다는 것과 이탈리아에서 피자는 1인 1판이라는 걸 알게 되었다.

밀라노 일정 하이라이트였던 밀라노 더비는 서사부터 결과까지 완벽한 축구 경기였다. 이 몸이 응원하는 인터 밀란이 AC 밀란에게 전반 0:2에서 최종 4:2로 역전승을 거뒀기 때문이었다.

이탈리아에서는 축구 경기장에서 담배를 피울 수 있고, 골이 들어가면 팬들끼리 서로 때리고 밀친다는 것도 알게 되었다. 무시무시한 이탈리아 사람들...

밀라노를 떠나서는 계획에 없던 제노아로 향했다. 갑자기 지중해가 보고 싶어졌기 때문이었다.

그러나 여기 제노아에서 나는 고약하고 지독한 * 감기에 걸리고 말았다. 추측하건대 종일 걸어 피로한 상태에서 거센 바닷바람을 맞은 탓이었으리라. 그런 와중에도 지중해는 눈부시게 아름다웠고, 제노아의 바질 페스토도 싱그러운 맛이 있었다.

---

* 이 감기는 무려 한국까지 날 따라다녔다. 다행히 귀국 후 PCR 검사에서 코로나에 감염된 것은 아니라는 진단을 받았다.

제노아를 떠나서는 메디치, 티본 스테이크, 냉정과 열정 사이 등으로 유명한 피렌체로 향했다.

한국인은커녕 동양인조차 볼 수 없던 제노아와 달리 피렌체에서는 언제 어디서나 한국인과 일본인을 마주칠 수 있었다. 또 훌륭한 동행들과 함께 멋진 시간을 보내기도 했다.

그러나 피렌체의 밤은 고통스러웠다. 제노아에서 얻은 감기가 심해져 매일 밤 식은땀을 흘리며 잠을 설쳤기 때문이었다.

겨우 몸을 추스리고 베네치아로 가는 기차에 올랐다. 그런데 지도를 보다가 흥미로운 사실을 발견했다. 밀라노(입국) - 제노아 - 피렌체 - 베네치아 - 베로나 - 밀라노(출국)를 선으로 이으면 하트♥ 모양이 된다는 거였다.

제노아는 계획이 아니라 즉흥이 이끈 여행지였으므로, 나는 이 또한 운명의 신이나 사랑의 신이 개입한 거라는 생각이 들었다.

사방팔방에서 아름답고 훌륭한 기운이 나를 향해 모여드는 찰나, 기차가 베네치아에 도착했다.

물의 도시 베네치아까지는 아직 코로나의 마수가 뻗치지 않은 덕분에, 가면무도회로 유명한 베네치아 카니발을 온전히 즐길 수 있었다. 중식당을 찾아 짬뽕을 한 그릇 먹었더니 몸이 좋아지는 것도 같았고!

신나고 행복했던 베네치아에서의 2박 3일 여정도 끝. 다음 도시는 바로 결전의 땅 베로나다.

가자. 내 운명이 기다리는 사랑의 도시로!

운명의 결말

역을 나서자 비에 젖은 베로나가 나타났다. 저녁을 먹고 숙소에 체크인할 계획이었지만, 날씨 때문인지 아니면 긴장이 풀어진 탓인지 상태가 악화되어 그저 눕고만 싶었다.

이대로는 아무것도 할 수 없겠다 싶어 밥을 미루고 숙소로 향했다. 따뜻한 물로 씻고 누웠더니 잠이 쏟아졌다.

하지만 베로나에서 보낼 시간은 단 2박 3일 뿐. '마찬가지로 나를 기다리고 있을 운명의 상대를 만나려면 이대로 누워있을 수는 없다.'는 생각에 깊이 잠들지 못하고 번쩍 눈이 떠졌다. 몸상태는 여전히 최악이었다.

문득 베네치아에서 먹었던 매콤한 짬뽕 한 그릇이 생각났다. 잠시나마 감기 기운을 물리쳐 주었던 붉고 진한 그 국물이라면 분명 나를 일으켜주리라. 다행히 베로나에도 여러 곳의 중식당이 있었다.

목소리조차 제대로 내지 못하는 중에도 혼자 밥을 먹고 싶지는 않았다. 혼자서는 짬뽕 하나지만, 둘이 먹으면 3개, 셋이 먹으면 다섯 개 메뉴를 맛볼 수 있지 않은가? 누구라도 좋으니 식사 동행을 찾아보겠다며 유럽 여행의 든든한 동반자 유랑에 글을 올렸다.

"베로나에서 저녁 드실 분 계실까요?"

삼십 분이 지나도 아무런 연락이 없자, 몸 상태가 더욱 나빠지는 것 같았다. 크게 실망한 나는 침대에 몸을 내던지고 눈을 감았다. 그리고 다짐했다. 이제 잠이 나를 데리러 오거든 더는 물리치지 않으리라.

그렇게 잠에 든 지 몇 분이나 지났을까. 온 침대를 뒤흔드는 파괴적인 진동에 맹렬히 깨어난 나는 운명의 신이 실재함을 확신한다. 한 여성 여행자가 보낸, 함께 저녁식사를 하지 않겠냐는 메시지가 기적처럼 도착해 있었다.

페스트와 데카메론

*베로나를 떠나서는 여행을 마무리하기 위해 밀라노로 돌아갔다. 2주 만에 돌아온 밀라노는 베네치아 카니발에서처럼 가면무도회가 벌어지고 있었다. 코로나가 도시를 덮친 것이다.

덮친 데 엎친 격으로 나는 여전히 감기를 떨치지 못했다. 열은 없었으나 기침과 콧물이 멎지 않았다. 이대로라면 귀국도 문제지만, 귀국 다음 날에 예정된 K의 결혼식 사회를 해낼 수 있을지도 미지수였다.

인천공항에 내리자마자 미라처럼 온 몸을 싸매고 이대목동병원으로 갔다. 우주복 차림의 의사는 단순 감기라는 소견을 냈다. 코로나 주요 증상인 발열이 전혀 없다는 게 이유였다. 또한 유럽의 낯선 바이러스에 몸이 적응하고 싸우는 과정일지 모르니, 안심하라는 말도 보태주었다. 한결 마음이 놓였다.

―――――

* 베로나의 여인은 어떻게 되었느냐고? 그것은 비밀! 자유롭고 아름다운 상상력을 발휘하시라! 완도살롱에 오셔서 물어보시던가!

완도로 돌아와서는 그동안 살롱을 잘 지켜준 H와 그녀의 남동생을 만나 선물과 인사를 건넸다. 상황이 상황인지라 완도살롱의 노사 회식은 다음으로 기약했다. H 남매와는 자동차 유리창 너머로 작별 인사를 나눴다. 마음이 좋지 않았다.

하룻밤이 지나 K의 결혼식 당일. 아침까지 기침이 멎지 않아서 걱정이 컸는데 무슨 힘이 났는지 사회를 보는 동안 한 번도 기침이 나지 않았다.

결혼식을 마치고 완도로 돌아온 후에는 스스로를 집에 가뒀다. 완도살롱은 증상이 사라지면 열 생각이었다. 하지만 좀처럼 나아질 기미가 보이지 않았다.

얼마 후 코로나 'PCR 검사'가 개발되었고, 완도에서도 PCR 검사를 할 수 있게 되었다는 소식을 듣자마자, 보건의료원으로 달려가 검체를 추출했다.

그로부터 이틀 뒤에 전화로 음성 판정을 받았는데 거의 눈물이 나올 것 같았다.

하지만 여전히 기침이 멎지 않았다. 음성 판정서를 무공훈장처럼 들고서 완도 이비인후과에 갔다. 완도살롱을 열기 전 마지막 점검이었다.

화생방 차림을 한 의사는 코감기가 심해져 생긴 축농증이라는 소견을 냈다. 농이 계속 목으로 넘어가는 바람에 기침이 멎지 않은 거란다.

엉덩이 주사를 세게 한 대 맞고, 병원에서 처방해준 약을 먹었더니 다음 날 모든 증상이 깨끗하게 사라졌다. 이번에는 왈칵 눈물이 쏟아졌다. 스스로를 한 달 넘게 가둔 후였다.

건강한 몸과 마음으로 야심차게 완도살롱을 열었으나... 이번에는 손님의 발길이 뜸했다. 어느 정도 예상한 일이었지만 실제로 겪으니 마음이 쓰렸다.

이즈음 나는 두 권의 책을 주문해서 읽었다. 알베르 카뮈의 '페스트', 지오반니 보카치오의 '데카메론'이었다. 잘 아는 것처럼 모두 전염병에 대한 이야기다.

얼마 후 완도에서도 최초의 코로나 감염자가 발생했다. 그 소식을 접한 사람들은 페스트에 등장하는 격리도시 오랑의 시민들처럼 '내가 처음이 아니어서 다행'이라며 안도의 한숨을 내쉬었다.

좁고 소문이 빠른 이 섬에서 코로나 확진을 일종의 낙인처럼 생각한 모양이었다. 그러나 그렇게 말하는 이들을 나는 조금도 비난할 수 없었다. 솔직히 나도 그들처럼 생각했으니까...

만약 완도살롱에서 확진자가 발생한다면? 내가 코로나 확진자가 된다면? 상상만으로도 끔찍한 일들이 벌어질 터였다.

데카메론의 주인공들처럼 어딘가로 훌쩍 피신하고 싶다는 마음이 간절했으나, 지구 어느 곳도 안전하지 않다는 사실이 나를 슬프게 했다. 그런 점에서 코로나가 번지기 전 이탈리아 여행을 다녀온 건 억세게 운이 좋은 일이었다.

밀물과 썰물

 2020년 여름에는 완도 명사십리 해변에서 파도에 올라타는 법을 배웠다. 물을 무서워하고 수영도 할 줄 모르는 내게는 큰 도전이었다.

 여름을 기점으로 전국에서 코로나 확산세가 가장 약했던 완도에서도 확진자가 늘기 시작했다. 그리고 코로나가 전국적 대유행 단계에 접어든 후에는 완도살롱에도 치명적인 타격이 발생했다.
 영업시간 제한이 결정적이었다. 완도살롱의 영업시간은 20시부터 다음 날 새벽 1시까지인데 21시에 문을 닫으라는 거다. 임시방편으로 18시에 문을 열어 보았으나 손님도 매출도 제로로 수렴했다. 밤이 되면 바이러스가 활동을 멈추기라도 하는 건가? 나는 도무지 이해할 수가 없었다.

 랭귀지 익스체인지, 독서 모임 등 소셜 프로그램도 전부 중단할 수밖에 없었다. 온기와 말소리가 사라진 완도살롱은 더는 완도살롱이 아니게 되었고.

한껏 풀이 죽은 완도살롱의 미남 사장은 '지금껏 얼굴로 먹고살았는데, 마스크로 얼굴을 반쯤 가리게 되면서 생계도 그만큼 힘들어진 게 아닌가?' 하는 요망한 망상에 빠지기도 했다.

이따금 현실적인 문제들이 정신을 번쩍 들게 해주었지만, 정신을 바짝 차린 건 또 아니어서 줄어드는 매출을 보며 그저 슬퍼하기만 할 따름이었다. 나는 내게 무기력증이 찾아왔다는 걸 알았지만 아무것도 시도할 수 없었다.

마침내 영업시간 제한이 해제되었음에도 여전히 손님을 만나기가 쉽지 않았다. 공지한 시간보다 일찍 문을 닫는 일도 잦아졌다. 이 시기 완도살롱은 죽은 것이나 다름없었고 아침의 기약이 없는 새벽의 어둠 속에서 나도 점점 시들어갔다.

나는 운명을 의심하고, 다른 신이 실재하기를 바라며 '티벳 사자의 서'와 '양자역학'을 탐구했다. 고통스러운 현실로부터 달아나기 위해서였다.

노 타임 투 다이

"누구에게나 그럴듯한 계획이 있다. 나한테 두들겨 맞기 전에는."

전설적인 복서 마이크 타이슨의 말이다. 그러나 때로는 계획 없이 링에 오르는 사람도 있다. 2020년의 내가 그랬다. 코로나의 콤비네이션 펀치를 맞아 빈사 상태로 1년을 보낸 뒤 나는 계획이란 건 전부 무용한 거라고 믿게 되었다. 그리고 사건은 꼭 이렇게 몸과 마음이 약해져 있을 때 일어난다.

2021년 여름. 다시 파도에 오르고 피부를 그을리겠다던 내 계획은 불의의 사고로 좌절되었다. 축구를 하다가 넘어졌는데, 바닥을 잘못 짚으면서 오른손 검지가 부러진 것이다.

수술은 성공적이었지만, 수술 후 2개월은 손에 물 한 방울도 묻힐 수가 없었다. 완도살롱은 다시 문을 닫았다. 자가격리로 한 달, 영업시간 제한으로 몇 달이나 헛되이 보냈는데 또 휴업이라니...

누가 밀거나, 달려와 부딪친 게 아니라 제 몸을 가누지 못해 다쳤기에 분노의 화살을 돌릴 곳도 변명의 여지도 없었다. 다만 원치 않는 시기에 원치 않는 이유로 살롱 문을 닫아야 한다는 사실이 분했다.

게다가 출간 계약한 원고 마감이 코 앞에 다가와 있었다. 손 부상과 수술을 이유로 마감을 미뤄볼 수도 있었으나 핑계를 대는 것 같아 그만두었다.
인간은 적응의 동물이라더니. 곧 손가락 아홉 개로도 문제없이 자판을 두드릴 수 있게 되었고, 약속한 날짜에 원고를 제출할 수 있었다.

그렇게 '밀리의 서재 오리지널 전자책'으로 출간한 '디지털 노마드 가이드북'은 사연이 많은 책이다.
출판사 두 곳과 계약했지만 전부 없던 일이 되었고, 발리나 치앙마이에 가서 디지털 노마드로 살며 원고를 완성하겠다던 계획이 코로나로 무산되며 갈피를 잃기도 했다.

하지만 기회는 준비된 자에게 오는 법. 코로나로 재택근무와 원격 협업의 중요성이 대두되면서 라이프 스타일로써의 디지털 노마드가 재조명된 것이다.

그렇게 5년 전 떠올린 아이디어는 책이 되었고, 책을 출간하는 과정에서 나도 용기를 되찾게 되었다.

시간은 흘러 2021년 말. 나는 느긋하게 *디지털 노마드 가이드북의 출간을 기다리고 있었다. 부러진 손가락도 회복되어서 주말에는 다시 공을 찼다.

빌어먹을 코로나만 겨울이 오기 전 마지막 발악을 하듯 세력을 넓히고 있었다. 코로나와 공존하겠다던 정부는 폐쇄적인 정책으로 돌아섰고, 잠시나마 부드러워졌던 사회의 분위기도 이전보다 더 건조해졌다.

다시 우울과 무기력으로 가라앉을 수도 있었지만, 출간을 계기로 용기탱천한 나는 떠오른 아이디어를 실행에 옮기는 쪽으로 노를 저었다.

~~~~~~~~~~

* 가제가 제목으로 관철되었다.

완도살롱의 소식을 전하던 브런치 매거진 이름을 '완도살롱 창업기'에서 '완도살롱 폐업기'로 바구고 글을 써서 SNS에 공유한 것이다.

이를 본 고향과 서울 친구들은 '결국 완도에서도 떠나는 거냐'며 물었고, 완도 친구들은 '드디어 떠날 때가 된 거냐'고 물었다. 나는 그때마다 '이건 단지 노이즈 마케팅이며, 폐업은 아무것도 정해지지 않았다.'는 대답을 돌려 주었다.

말뿐 아니라 실제로도 그랬다. 나는 조금도 폐업할 마음이 없었다. 그저 이제 창업기가 아니라 폐업기가 더 어울릴 거라는 생각이었다. 물론 이러한 사고의 전환이 일어난 것에는 모종의 *계기가 있지만.

완도살롱 폐업기에 쓴 글을 SNS에 몇 차례 공유했더니 이번에는 지인으로부터 텀블벅 크라우드 펀딩 제안을 받게 되었다.

---

* 4장의 '네오와 트리니티' 편에서 창업기가 폐업기로 바뀐 결정적이고도 무시무시한 계기를 소개한다. 개봉박두!

전남에서 활동하는 로컬 크리에이터를 대상으로 펀딩 기획전을 열 것인데 완도살롱도 참여해보라는 것이었다. 펀딩 아이템으로는 완도살롱 폐업기가 좋을 것 같다며.

그렇게 기회는 또 준비된 자에게 왔다.

완도살롱 폐업기의 텀블벅 펀딩 프로젝트 이름은 'NO TIME TO DIE'로 결정했다. 007 시리즈에서 영감을 얻은 것이었지만, 무엇보다 간절하고 비장한 마음을 담은 이름이었다.

'파도가 없는 날에는, 두 팔로 노를'
신지 명사십리 해수욕장에서

4. 부활 復活

네오와 트리니티

※ 주의!
영화 매트릭스의 스포일러가 포함되어 있습니다.

2021년 여름에는 영화 매트릭스 시리즈를 정주행했다. 특별한 계기가 있던 건 아니고 어느날 갑자기 '이제는 매트릭스를 제대로 봐야겠는걸?' 하는 마음이 들어서였다.

1999년에 개봉했다는 매트릭스는 20년이 지나고 보아도 세계관과 서사 모두 충격적인 작품이었다.
5학년 꼬마였던 99년보다 경험이 적어도 세 배쯤 많아진 35살 이종인은 영화의 세계관과 철학을 어느 정도 이해할 수 있게 되었고, 그동안 발달한 기술과 게임을 통해 시뮬레이션을 경험한 적도 있었다.
그래서인지 겁도 세 배쯤 집어먹게 되었다. 정말 세상이 시뮬레이션이면 어떡하지? 나는 누구? 여긴 어디? 스테이크는 몰라도 삼겹살은 진짜가 맞나? 같은 두려움도 엄습해왔다.

영화 매트릭스에서 '진짜 현실'이 무엇이며, 무얼 위해 살아야 하는지 몰랐던 네오는 모피어스와 트리니티의 믿음에 힘입어 세계를 구하게 된다. 모피어스와 트리니티는 줄곧 네오가 자각하도록 돕는다. 그리고 네오는 자신과 그들을 믿고 앞으로 나아간다.

내게도 모피어스나 트리니티 같은 사람이 있었다. 그때를 떠올리면 아직도 손발이 덜덜 떨리고 머리카락이 곤두서지만, 이 책의 탄생에 있어 절대 빼놓을 수 없는 이야기이므로 지금 여기에 소개한다.

2021년 여름의 어느 밤. 검정 가디건, 검정 구두, 검정 뿔테 안경까지. 온 몸을 블랙으로 도배한 중년 남자가 완도살롱을 찾아왔다.

40대 중반이나 50대 초반쯤 되었을까? 차분하고 힘 있는 복소리를 가진 그는 자신이 한 기업의 중역이며, 회사로부터 안식 휴가를 받아 제주에서 한 달을 살고 완도를 거쳐 서울로 돌아가는 길이라 했다.

제주살이를 비롯, 이런저런 대화를 나누다 남자의 독특한 취미에 대해 알게 되었다. 다른 이들의 사주팔자를 봐준다는 거였다. 그의 집안 대대로 전해오는 비기가 있는데, 이 방법으로 보는 사주풀이가 어찌나 영험한지 지인들이 비싼 술까지 대접하며 봐달라는 정도라나 뭐라나. 제주에서 만난 이들에게도 신묘함을 선사했더니 모두 탄복했단다.

그러더니 그는 사장님 운명도 점쳐 드리겠노라며 사주를 물어왔다. 처음에는 술을 공짜로 마시려는 수작인가 싶었지만, 이내 나는 궁금해지고 말았다.

'이런 거 다 그냥 재미로 보는거잖아? 그리고 내 앞에 다가올 미래라는 건 분명 아름다울 게 뻔한데 미리 봐서 뭐가 나쁠게 있겠어? 뭐, 설령 좋지 않은 결과가 나온다 해도 안 믿으면 되고!'

그런데 나의 사주를 건네받은 남자는 잠시 생각에 잠기더니 말 같지도 않은 소리를 한다.

"이런 사주를 가진 사람들은, 보통 단명합니다."

"...?"
"뭐라고요?"

너무나 놀라고 당황해 어안이 벙벙벙한 나. 표정을 읽은 건지 남자는 사주가 언제나 정확한 건 아니라며 너스레를 떤다. 종종 이런 일을 겪는다는 듯 평온한 목소리로.

하지만 이른 죽음을 선고받은 사람에게 위로 따위 무슨 소용이랴. 게다가 코로나 연속 펀치로 내 몸과 마음은 모두 연약해지고 피폐해진 상태. 가여운 나는 순식간에 자신의 단명을 기정사실처럼 받아들이고 있었다. 잠시 후 남자는 떠났고, 그날 이후 나타나지 않았다.

나는 한동안 두려움과 찝찝함에 휩싸여 낮과 밤을 보냈다. 악담을 퍼붓고 떠난 남자에게는 분노와 원망을 품게 되었고.

그러나 시간이 지나면서 두려움과 분노가 걷히고 머리가 맑아지며 이런 생각이 들었다.

'맞아. 그 무엇도 영원한 건 없지.'
'나도. 완도살롱도.'

죽음과 종말, 파멸과 끝의 존재를 실감하고서 어떤 방법으로도 그것을 피할 수 없다는 걸 인정하게 된 것이다. 세상을 다르게 보기 시작했다고나 할까?
먼저 연재하던 브런치 매거진 완도살롱 창업기의 제목을 완도살롱 폐업기로 바꾸는 것으로 새 죽음을 시작했다. 그리고 내 손으로 창조한 완도살롱을 어떻게 마무리하면 좋을지, 완도살롱의 마지막은 어떤 모습이어야 할지도 상상하기 시작했다. 더는 검은 옷의 남자도 원망하지 않았고.

한편 등골이 오싹해지는 이 사연에는 뒷이야기가 있는데…

〈NO TIME TO DIE : 완도살롱 폐업기〉의 텀블벅 펀딩 성공으로부터 한 달 뒤. 아버지 생신을 축하드리기 위해 고향 집에 방문한 나는 집 책장에서 우연히 내 어린 시절 앨범을 발견한다. 그리고 그곳에서 기막힌 사실과 마주하게 된다.

지금껏 9시 38분으로 알고 있던 나의 생시가 실은 21시 38분인 것이었다. 그날 검은 옷의 남자에게 건넨 사주는 잘못된 것이었고.

바르도 퇴돌

20대 시절 네 번의 입사와 퇴사를 거치며 깨달은 건 크게 세 가지다. 첫째는 내가 자유롭고 진취적인 성향의 사람이라는 것이고 둘째는 그 누구도 내 삶을 책임져 주지 않는다는 것이다.

완도살롱으로 30대를 시작하며 나는 삶과 죽음의 많은 부분에서 개선을 이뤘다. 구애받지 않는 자유의 소중함, 내가 되고 싶고 진정으로 원하는 것, 인생과 시간의 소중함을 알게 되었고, 세상을 더 여유로운 시선으로 바라볼 수 있게 되었다.

완도살롱에서 30대를 살아내며 나는 삶의 의미와 목적에 대해서도 자주 그리고 오래 탐구하게 되었다.
만약 매트릭스와 불교에서 말하는 것처럼 우리의 삶이 끝없이 반복되는 것이라면 이번 생에서는 무얼 깨달아야 하며 어떤 진리와 행복을 추구해야 할까? 영원한 행복이란 무엇일까? 만약 그런 게 존재한다면 어떻게 도달할 수 있을까? 같은 것들을.

코로나가 창궐하기 전 완도살롱이 이제야 비로소 궤도에 올랐다고 느꼈던 때가 있었다. 항상 사람들로 가게가 붐비고, 매출도 많았던 호시절이었다. 그때 나는 불현듯 떠오른 어떤 생각과 함께 잠에서 깬 적이 있는데, 미증유의 그 *생각은 바로 더는 밤늦도록 술을 팔며 살 수는 없다는 것이었다.

서점에 바(Bar)를 더해 시작한 완도살롱은 어느새 고객들에게 '그저 칵테일바'가 되어 있었다. 주류 매출이 전체 매출의 90%~95%를 차지하는 현실에 주인장이 책에 관심을 적게 두었던 것도 사실.

주인장부터가 이 모양이니 손님들이 책에 관심이 덜한 건 어쩌면 당연한 일이었으리라.

~~~~~~~~~~~~~~~~~~~~~~~~~~~

* 스티브 잡스는 만 30세에 펩시콜라 부사장에 취임해 코카콜라에 비견하는 기업으로 키운 존 스컬리를 애플의 CEO로 영입하기 위해 이렇게 물었다고 한다. "남은 삶 내내 설탕물을 팔 텐가? 아니면 세상을 바꿀 기회를 얻을 것인가?" 아침에 눈을 뜨며 떠올랐다는 생각도 아마 이 이야기를 먼저 알았기 때문일 테지.

그러나 침대를 박차고 일어난 나는 완도살롱을 더 열심히 하리라고, 술과 책을 가리지 않고 더 열심히 소개하자고 다짐했다. 무언가를 포기하고 그만두는 게 아니라.

20대 시절 네 번의 입사와 퇴사 과정에서 깨달은 마지막 한 가지가 바로 언제 어디에서 무얼 하더라도 순간에 집중해야 후회가 없다는 것이었다. 돌아보면 모든 게 그랬다. 회사, 연애, 옳고 그른 선택들 모두.

티벳 사자의 서(원제 : 바르도 퇴돌)에서는 이승에서의 시간을 모두 보낸 이가 죽음으로부터 환생에 이르기까지 총 세 개의 바르도를 거친다고 설명한다.

죽는 순간을 뜻하는 치카이 바르도, 사후 1일에서 14일까지 머무는 초에니 바르도, 그로부터 약 35일 동안 머물며 환생처를 찾는 시드파 바르도까지.

세 바르도에 머무는 시간을 모두 합치면 49일이 되는데, 우리 장례의 49재도 여기에서 비롯되었다.

완도에 닻을 내렸을 때, 내게는 여기서 머물다가 발리나 치앙마이 같은 곳으로 떠나리라는 계획이 있었다. 완도를 일종의 바르도로 여긴 셈이다. 하지만 완도에서 만난 사람들과 벌어진 사건들은 내게 삶의 다음 단계로 나아가려면 무엇을 어떻게 해야 하는가에 대한 힌트를 주었고, 가치관도 새롭고 단단하게 세울 수 있도록 도와주었다.

인터루드(interude)는 극예술에서 극과 극을 부드럽게 이어 주는 막간극을 일컬으며, 음악에서는 간주곡을 뜻한다. 인터루드의 역할은 자칫 느슨해질 수 있는 예술의 틈을 메우는 것이다. 그리고 그 자체로 빈틈없이 훌륭한 작품이 된다.

여기 완도에서 보낸 시간은 훗날 내게 어떻게 남을까? 바르도일까? 인터루드일까? 하나 확실한 건 틈이 멋대로 벌어지도록 가만 두지 않으리라는 거다.

주도자와 엔트로피

※ 주의!
영화 테넷의 스포일러가 포함되어 있습니다.

영화 테넷을 좋아한다. 아마 지금껏 열 번도 넘게 봤을 것이다. 그런데 테넷은 러닝타임이 2시간 30분이나 되는 영화다. 싫증이 잦은 내가 이처럼 긴 영화를 반복해서 본 이유는 '더 잘 이해하고 싶어서'였다. 정작 감독 크리스토퍼 놀란은 '이해하려 하지 말고 느끼라' 했지만...

엔트로피 역전이나 할아버지 역설 같은 이야기도 흥미로웠으나, 테넷에서 가장 기억에 남는 건 '일어난 일은 반드시 일어난다.'는 설정이었다. 나도 세상의 방정식이 그럴 것이라 믿기 때문이었다. 만난 사람은 반드시 만날 것이었고, 벌어진 일은 어떻게든 벌어질 것이었다고.

-

손님이 적은 날이면 온갖 상상을 하게 된다.

오지 않는 이들은 나와 인연이 아닌 걸까? 코로나, 궂은 날씨, 실물경제의 침체 같은 무시무시한 것들이 우리의 만남을 방해하는 건 아닐까? 나와 완도살롱을 둘러싼 거대한 음모가 있다거나, 나만 모르는 *괴소문이 퍼지고 있는 건 아닐까? 등등.

그리고 이럴 때마다 의심과 불안의 싹은 물이나 빛 없이도 빠르게 자라서 넝쿨처럼 나를 휘감는다.

창업 n년 차인 지금은 부재자들의 사연을 섣불리 추측하지 않는다. 서툴고 조급했던 때가 지나 무언가 깨달음을 얻었다거나 해탈한 게 아니다. 고객이 오지 않는 이유를 밝혀내는 건 불가능한 일이므로, 더는 그럴 필요가 없다는 걸 알게 되었을 뿐이다.

한편 영화 테넷에는 주인공 이름이 등장하지 않는다. 감독이 처음부터 끝까지 의도적이고 철저하게 이름을 감춘 것이다.

---

* '살롱 사장님 바람둥이래~' 라던가, '살롱 사장님 실물은 못생겼대~' 같은. 물론 둘 다 사실이 아니다.

왜일까 궁금해 후기를 찾아보다가 사람들이 테넷 주인공을 '주도자'라 부른다는 걸 알 수 있었다. 그리고 주도자의 시점에서 다시 감상한 영화는 전보다 더 나은 경험을 선사했다.

테넷의 세계에서 일상으로 돌아온 나는 주도적인 삶이란 무엇이며, 주도적으로 살기 위해서는 어떻게 생각하고 행동해야 하는지 고민하기 시작했다.

그리고 마침내 얻은 결론은 힘이 닿지 않아 어쩌지 못하는 상황은 그대로 두자는 거였다. 이후 나는 약속한 시간에 완도살롱을 여닫고, 반갑게 손님을 맞이하며, 공간을 깨끗하게 유지하는 일처럼 오롯이 내 힘으로 할 수 있는 것들에 집중하기 시작했다.

놀랍게도, 무언가를 새로 시작하지 않고 하던 일을 잘 해내는 것만으로도 상황이 나아졌다. 내가 나를 잘 돌보고, 몸과 마음을 다스리게 되자 손님들에게도 더 나은 서비스를 제공할 수 있었다. 힘을 빼고 관점을 바꾸니 눈 앞에 다른 세상이 펼쳐진 것이다.

〈NO TIME TO DIE : 완도살롱 폐업기〉라는 이야기를 시작한지도 어느덧 n년. 여전히 완도살롱은 계약 연장과 폐업의 갈림길에 서 있다. 하지만 내일도 어김없이 문을 열고 손님을 기다릴 것이다.

자신에게 닥쳐올 운명을 알면서도 임무를 수행하기 위해 갱도로 돌아가는 *닐의 뒷모습처럼, 내 운명도 여기 완도살롱에 있다고 믿으며.

---

* 테넷의 또 다른 주인공.

인터뷰.
우리들의 완도살롱이 생각나요

인터뷰 1. 오래된 사람들

- **양경수. a.k.a 경수형**
- **김선동. a.k.a 완도 이정재**

선동은 정말 이정재를 닮았다. 혹자는 선동더러 '오징어게임' 성기훈을 닮았다는데 내가 보기에는 '신세계'의 이자성을 더 닮았다. 경수형도 선동 못지않게 잘생겼다. 그는 이장우를 닮았다.

두 남자와는 일주일에 적어도 두세 번 얼굴을 본다. 밥도 자주 먹고. 친구가 된 2018년부터 매주 그래왔으니 뭐 더 할 얘기가 있나 싶지만, 여전히 우리는 할 말이 많다. 아마 다음 주에도 우리는 함께 밥을 먹고 차를 마시리라. 수다도 엄청 떨겠지.

이 책의 첫 인터뷰는 공간 완도살롱은 물론, 인간 이종인에 대해서도 가장 잘 아는 남자들과의 대화로 시작하겠다. 잘생긴 세 남자의 대담은 바다가 보이는 완도 카페 베네치아에서 진행하였다.

Q. 어떻게 완도에 왔고, 완도살롱 첫인상은 어땠나?

[선동]

"살롱 창업과 비슷한 시기에 여수를 떠나 완도에 왔다. 왜 완도에 왔냐고? 문어를 사냥하려고! 20대 후반에 회사를 그만두고 앞으로 무얼 하며 살까 고민하다가 문득 문어를 잡아봐야겠다는 생각이 들었다. 우리 아버지가 문어배 선장이셨거든."

"처음에 부모님께서는 뱃일은 힘드니 절대 하지 말라며 반대하셨었다. 하지만 오랫동안 진지하게 간청했더니 결국 승낙하셨다. 문어 잡는 기술을 전수하는 게, 어쩌면 당신들이 자식에게 도움을 줄 수 있는 유일한 방법이라고 생각하셨다나."

"그러던 중 마침 문어 배가 한 척 매물로 나왔다는 소식을 들었다. 완도에 사는 친척이 뱃일을 그만두고 식당을 하겠다며 내놓은 배였다. 이후 일은 일사천리였다. 친척이 내놓은 배를 계약했고, 완도에 살 집을 얻었다."

"그런데 집 1층에 완도살롱이 들어선 거다. 출퇴근할 때마다 완도살롱이 완성되어가는 모습을 봤는데 사실 처음에는 정확히 무얼 하는 곳인지 잘 몰랐다. 다만 대단히 호기심을 자극하는 곳이었다."

[경수]
"나도 너희와 비슷한 시기에 완도에 왔다. 광주에서 지내다가 선동이처럼 다니던 회사를 그만두고 태어난 곳이자 가족들이 사는 완도로 온 거다."

"처음에는 잠시 머물다가 다시 광주로 갈 생각이었다. 그런데 완도에서 소일거리로 어머니와 어머니 지인들 심부름을 하다가 건어물 장사가 돈이 된다는 걸 알게 되었다. 자연스럽게 흥미를 가지고 있었는데, 마침 어머니께서 광주로 돌아가지 말고 여기서 장사를 해보면 어떻겠냐고 운을 띄우신 거다. 지금 생각해보면 이 모든 게 다 어머니가 그려 놓은 큰 그림이 아닐까 생각한다..."

"나는 원래 건어물 경매 중개인을 하려고 했다. 지인 한 분이 마침 중개 면허를 팔려고 하셨거든. 인수인계에 필요한 돈을 마련하고 있었는데, 갑자기 그 지인이 폭탄선언을 했다. 자기가 이 일을 더 해야겠다고 선언한 거다. 우리 가족의 모든 계획이 물거품으로 돌아가는 순간이었다."

"완도에서 무언가를 해보겠다고 마음먹었던 나도 실망이 컸다. 얼마 후 지금의 가게(완도 모노레일 탑승장 1층)가 매물로 나왔다는 소식을 들었다. 망설일 필요가 없는 훌륭한 자리였다. 여기에서는 소매업이 좋겠다는 판단이 들어서 건어물 판매점을 열었다."

"하지만 첫 창업이고 모든 일이 급작스럽게 진행되어 그랬는지 준비하는 과정에서 너무 스트레스를 받았다. 밥맛도 사라지고 살도 빠지더니 우울증까지 생길 것 같았다. 스트레스를 풀고 기분도 전환하려고 아침저녁으로 무작정 걷다가 우연히 완도살롱을 발견했다. 활기찬 목소리로 어서 오시라며 맞아주던 종인이 인사가 아직도 기억난다."

Q. 완도살롱에서 가장 즐거웠던 기억을 꼽는다면?

[경수]

"완도살롱에서 독서 모임을 할 때가 가장 재밌었다. 대학생 때부터 도서관에서 책을 빌려 읽었는데 혼자서만 읽고 생각하니 무언가 심심했다. 독서 모임을 통해 사람들과 책 이야기를 나누니 생각이 확장되는 느낌을 받았다. 처음 보는 사람들이나 잘 알지 못하는 사람들과도 다양한 주제로 이런저런 이야기를 가감 없이 나눌 수 있는 게 좋았다. 코로나도 잠잠해졌는데 왜 다시 독서 모임을 하지 않는지 의문이다. 일해라 이종인!"

[선동]

"나도 사람들과 함께한 기억이 즐겁게 남아 있다. 평소에는 사귀기도 어렵고 대화는 더욱 해보기 어려운 사람들, 예를 들면 나이 차가 많이 나는 사람들하고도 스스럼없이 이야기를 나눌 수 있어서 좋았다.

"열 살, 스무 살 많은 형누님들과 이야기 나누면서 배운 것도 좋았고, 한참 나이가 어린 친구들과 대화하면서 배운 것도 모두 좋았다. 다른 사람들도 나랑 나눈 이야기와 함께 보낸 시간이 즐거운 기억으로 남았으면 좋겠다."

Q. 그러면 완도살롱에서 가장 불쾌했던 기억은?

[선동, 경수]

"즐거운 것과 마찬가지다. 완도살롱의 역사는 곧 사람과 사람, 그러니까 관계의 역사다. 인간관계에 따라 우리에게도 좋고 나쁜 일이 생겼고. 좋을 때는 뭘 해도 좋지만, 관계가 항상 좋을 수만은 없지 않나? 살롱 친구들은 학교나 직장에서 만난 사람들과는 성격이 다를 수밖에 없다. 관계에서 애매한 문제가 생기는 경우도 많았다. 하지만 사람들과 싸우고 미워하며 화해하고 회복하는 과정에서 많은 걸 배웠다."

Q. 완도살롱에서 만난 사람 중 기억에 남는 이는?

[선동]

"일단 너희들(단골 친구들)은 아니다. 매일 보면 아무래도 특별한 기억이라 할 수는 없지 않나? 그렇지만 삐지지 않았으면 좋겠다. 난 너희를 무척 아끼니까."

"해양 환경? 해양 생물? 조사를 위해 완도에 방문했다던 연구원이 기억난다. 내 일과 관련 있는 일을 하는 사람이라 그런지 대화가 아주 잘 통했던 기억이 있다. 그리고 나는 평소에 여성을 보면 수줍어서 낯을 가리는데, 그분과는 마음을 열고 편하게 대화를 나눌 수 있었다. 오해는 마라. 설렘이나 사랑 같은 감정은 절대 아니었다. 다만 이상하게 그분이 기억에 남는다. 무언가 사람도 대화도 편안한 느낌이었다."

[경수]

"우리 모두와 친했던 장ㅇㅇ 씨가 기억에 남는다."

"완도살롱에서는 언제 어떤 모임을 해도 보통 내가 제일 연장자였다. 그런데 장ㅇㅇ의 등장으로 나보다 더 나이 많은 사람이 생긴 거다. 그 사실만으로도 기뻤다. 그냥 나이가 많아서 좋았던 건 아니다. 그 양반한테만큼은 가끔 어리광을 부리고 고민이 있으면 마음을 터놓고 상담할 수도 있었다. 역시 마음 편하게 해주는 사람이 최고다."

Q. 서로의 첫인상은 어땠는가?

[선동]
 "경수형과는 자전거 이야기를 나누며 친해졌다. 친해진 후에는 같이 자전거로 먼 길을 다녀 오기도 했고. 음... 그리고 그때나 지금이나 듬직하다."

[경수]
 "아! 나도 기억난다. 같이 자전거를 타자길래 광주

까지 가서 힘들게 자전거를 가져왔는데 한 번 타고 더는 안 타러 가서 섭섭했던 기억!"

"처음 봤을 때 선동이는 이정재가 연상될 정도로 정말 잘생긴 친구였다. 날렵한 턱선도 매력적이었고. 살이 조금 쪘지만... 지금도 잘생겼다. 진심이다."

Q. 완도살롱에서 아쉬웠던 기억이 있나?

[선동]

"우리 모두 친구가 되었던 2018년 여름을 떠올려 보면 우리(단골들)끼리는 박 터지게 재밌고, 하나로 똘똘 뭉쳐 있었지만 처음 오는 손님이나 새로운 친구들이 섞이기에는 불편하고 어려웠을 것 같다. 지나고 보니 그게 아쉽다. 사람들은 언젠가 꼭 싸우고, 모임은 깨어지기 마련이니까. 결국에는 남은 사람도 몇 없고. 조금 더 열어둘 걸."

[경수]

"맞다. 사람이 만나고 사귀다 보면 오해가 생길 수도 있고, 다툼도 있을 수 있다. 친해지는 건 어려웠지만 멀어지는 건 한순간이더라. 그게 너무 아쉽다. 그래도 아직 나랑 놀아주는 너희들이 있어 다행이다."

Q. 만약 완도살롱이 없어지면 어떨 것 같나?

[경수]

"종인이가 앞에 있어서 하는 립 서비스가 아니라, 정말 많이 허전할 것 같다. 나는 가족과 함께 살아서 혼자 있고 싶거나 조용히 쉬고 싶을 때마다 자동차나 살롱으로 피신한다. 아지트 두 곳 중 하나가 없어진다고 생각하니 너무 슬프다. 살롱 가는 길에는 언제나 설렘이 있다. 좋아하는 친구들이 있을 거라는 설렘, 새 친구들을 사귈 수 있으리라는 설렘, 무언가 재밌는 일이 생길 거라는 설렘 등."

"그 설렘도 사라진다고 생각하니 슬프고 아쉽다. 나는 완도에서 여가시간 대부분을 살롱에서 보냈다. 비단 나뿐만이 아닐 거다. 모두에게 살롱은 코로나를 포함한 지난 5년을 버틸 수 있게 해준 공간이었다."

[선동]
"짧고 솔직하게 말하겠다. 내가 먼저 완도를 떠나기 전까지 완도살롱은 문을 닫지 않았으면 좋겠다. 명심해라. 그전에는 절대로 안 된다."

Q. (선동이 종인에게 질문) 만약 완도살롱에 후계자가 나타나서 영업권을 넘겼는데 종인이 네가 할 때보다 더 잘 되거나, 잘 안되면 어떨 것 같나?

[종인]
"만약 다음 사람이 잘 해낸다면, 떨떠름하기보다 행복할 것 같다. 내 일부가 죽지 않고 살아 숨 쉬는

기분이 들 것 같거든. 그리고는 어느날 몰래 찾아와서 흐뭇한 표정으로 한 잔 마시는 거다. 아무 말 없이 조용히. 물론 나의 계획이 성공할 수 있을지는 미지수다. 나는 가만히 있어도 존재감이 시끄러운 사람이니까."

"하지만 내가 떠난 뒤 사람들이 완도살롱을 찾지 않고 파리만 날린다면 마음이 너무 안 좋을 것 같다. 모두 옛 애인이 잘 되기를 바라지 않나. 내가 떠난, 내가 없는 완도살롱도 영원히 행복하고 아름답기를 바란다."

- 인터뷰 1. '오래된 사람들' 끝

인터뷰 2. 의 좋은 남매이자 직원이었던

- 홍이설. 해준의 누나 & 완도살롱 세 번째 직원
- 홍해준. 이설의 소중하고 단일한 남동생

이설과 해준은 남매다. 2022년 9월 현재 이설은 완도살롱의 세 번째이자 마지막이었던 공식 직원으로 남아 있다.

앞선 동업일기에서 소개한 것처럼 이설은 완도살롱 세 번째 방문 만에 파격적으로 채용되었으며, 홍 남매는 2020년 1월 중순부터 2020년 2월 말까지 짧고 굵게 완도와 살롱에 머물렀다. 두 사람이 살롱을 지키는 동안 살롱 마담은 저 멀리 이탈리아로 운명을 찾기 위한 여행을 다녀왔고.

홍 남매의 인터뷰는 강남역 인근 카페에서. 점심으로 시카고 피자를 몹시 섭취한 뒤 진행하였다.

Q. 3년 만이다. 그동안 잘 지냈나?

[이설]

"여전합니다~ 미모를 비롯한 많은 부분에서 변함없고요. 1년 전부터 공부한 게 있는데 곧 시험을 봐요. 합격할 수 있도록 응원해주세요!"

[해준]

"저도 여전합니다. 꾸준히 수영이랑 웨이트 트레이닝을 해서 더 튼튼해졌고요. 수영을 조금 더 열심히 했는데, 대회에서 몇 번 상도 탔답니다. 하하."

Q. 좋다! 홍남매에게 완도의 첫인상은 어땠나?

[이설]

"대학에서 만나서 지금도 친하게 지내는 친구가 둘 있는데, 그중 하나가 어느 날 갑자기 완도로 이사했어요. 그래서 서울에 있는 다른 한 친구랑 완도로 간 친구를 볼 겸 여행을 떠나기로 한 거죠."

"완도에 들어서면 보이는 거대한 장보고 동상이 아주 인상적이었고, 알록달록 꾸며진 동네도 느낌이 아주 좋았어요. 저는 2018년에 처음 완도에 왔으니, 완도살롱이 문을 연 바로 그 해였네요."

[해준]

"저는 2020년 1월에 누나랑 같이 간 게 인생 첫 완도였어요. 칼바람도 불고 몹시 추운 겨울날로 기억합니다. 사실 전날 짐을 싸면서부터 마음이 설레기 시작했어요. 이렇게 오랜기간 여행을 떠나는 게 처음이었거든요."

"집에서 가까운 수서역에서 SRT를 타고 목포역으로, 목포역에서 완도까지는 차를 타고 갔어요. 목포에서 완도로 가는 동안 도로 옆으로 펼쳐지는 바다를 보며 감탄했던 게 기억에 남네요. 제가 워낙 바다를 좋아하거든요."

"완도에 도착해서는 완도살롱 사장님, 그리고 완도 지인들과 같이 고깃집에서 첫 끼를 먹었죠? 낯선 곳, 낯선 사람들이었지만 모두가 반갑게 맞아주셔서 이상하게 마음이 편했어요. 그때 완도에 사는 누나 친구가 '완도는 밤이 되면 아주 위험한 동네'라고 겁을 주기도 했는데, 실제로 지내보니 그게 아니란 걸 알게 되었어요. 오히려 귀엽고 아늑한 동네랄까!"

Q. 완도살롱을 처음 마주한 순간의 기억은?

[이설]

"와, 완도에 이런 곳이? 절대 이런 공간이 있을 것 같지 않은 동네와 골목에 있어서 놀랐어요. 신기하기도 했고요. 서울에서도 보기 드문 '힙스러움'이 있는 곳이라는 생각도 했죠. 문을 열면 좁고 긴 동굴 같은 공간이 펼쳐지고, 완도살롱 특유의 보라색? 핑크빛? 조명을 마주하며 몽환적인 느낌도 받았고요."

"그날 손님이 많았는데 그것도 신기했어요. 완도에도 젊은 사람들이 있구나... 싶었고요. 그리고 1년 정도 지나서 한 번 더 놀러갔었죠? 그때도 처음처럼 재밌고 좋았어요."

"사장님은 제가 방문할 때마다 MC처럼 열심히 진행하셨는데, 그걸 보면서 참 이상하고 말이 많은 사람이라고 생각했어요. 하지만 절대 부정적인 의미는 아니랍니다~ 우리 친척 오빠랑도 닮으셨고, 뭔가 친근한 느낌?"

[해준]

"대학에서 국어국문학을 전공하면서, 졸업한 후에 출판사나 광고회사에 취업하거나 북카페를 차리고 싶다는 꿈을 가진 적이 있어요. 그런데 완도살롱은 제가 아는 북카페와 비슷하지만 다른 느낌의 공간이었어요. 아, 이렇게도 할 수 있네? 하면서 새로운 자극을 받았던 기억이 나네요."

Q. (이설에게) 몇 번 놀러왔고, 친구가 산다고 한들 완도는 여전히 생경한 곳이었을 텐데, '완도에 가야겠다.' '완도살롱에서 일하고 싶다.'라고 결심한 계기가 있나?

[이설]

"사장님한테 연락했을 때는 오래 다닌 직장에서 퇴사일을 받아놓은 상태였어요. 연애도 쉴 때라 운신 폭도 자유로웠고요. 여러모로 인생에서 드문 시기였다고나 할까요? 퇴직금도 두둑하게 받을 예정이겠다, 앞으로 무얼 하면 좋을까 생각하는데 완도에 있는 친구가 또 놀러 오라는 말에 마음이 혹했죠. 이상하게 완도가 낯설지 않더라고요. 이게 다 완도에 갔을 때마다 완도살롱에서 좋은 추억을 만들어서 그런 거 아니겠어요(눈웃음)?"

[종인]

"네가 연락했을 때, 나는 사실 지쳐 있었다."

"완도살롱을 시작하고 제대로 된 휴가 없이 일만 해온 터라 체력과 정신력이 모두 바닥나 있었고. 종종 지인들에게 길게 휴가를 떠나고 싶다고 말했는데, 고맙게도 네가 '제가 완도살롱을 지킬 테니 그동안 휴가라도 다녀오세요?'라고 말해준 거지. 사실 지금 생각해보면 절반은 협박이었는데... 그 덕분에 미루었던 해외여행을 결심하게 되었다. 돌이켜 생각해보면 정말이지 기막힌 타이밍이었다. 코로나가 이렇게 길어질 줄 누가 알았겠나?"

[이설]

"그러게요. 정말 타이밍이 좋았죠? 하지만 완도에 가기까지 어려운 점도 있었어요. 엄마 허락을 받기가 쉽지 않았거든요. 어쩌면 당연한 일이었어요. 통금이 있는 집이었는데, 저 혼자 멀리 여행을 떠나겠다고 했으니... 그때 마침 남동생이 떠올랐어요. 해준이가 겨울 방학 동안 내일로 여행을 떠날 거라고 말한 적이 있었거든요."

"그래서 해준이한테 '내일로 여행도 좋지만, 나랑 같이 완도에 가면 어떻겠냐'고 설득하기 시작했어요. 완도에 재밌는 공간과 사람들이 있는데, 나 혼자는 허락을 구하기 어렵겠지만 너랑 간다고 하면 엄마도 보내주시지 않을까? 하면서요."

[해준]

"누나가 완도에 가자고 했을 때요? 솔직히 말하면 갑자기? 왜? 누나랑? 여행을? 완도에? 싫었죠. 둘이 여행을 가본 적이 한 번도 없었거든요."

"그런데 누나가 뭔가 확신에 차서 말하는 거예요. 무조건 재밌을 거라며! 몇 번 이야기를 들으니 저도 마음이 움직였어요. 왠지 모르게 오래도록 기억될 인생의 콘텐츠가 될 것 같았거든요. 그리고 누나 혼자 보낼 수도 없겠더라고요. 영 마음이 불편한 거 있죠? 혼자 보냈다가 완도에 민폐나 실례가 되면 어쩌나 싶고..."

Q. 그런 일이 있었군! 그렇다면 완도살롱에서 일하는 동안 유독 기억에 남는 손님이 있나?

[이설]

"지금 생각나는 건 어떤 여성 분이요. 옥보단 칵테일을 주문하셔서 레시피대로 만들어 드렸는데 사장님이 만든 옥보단과 맛이 다르다며 반려하신 거 있죠. 분명 레시피대로 했는데..."

[해준]

"저는 원어민 교사 알란드라가 가장 기억에 남아요. 완도살롱 랭귀지 익스체인지 모임에 참여하면서 알게 되었는데, 한국어를 잘하는 똑똑한 친구였어요. 누나랑 알란드라랑 셋이서 완도 오일장 구경도 가고, 연락처도 교환했는데... 지금은 어디서 뭘 하고 있는지, 잘 사는지 궁금하네요? 연락하면 답장이 오려나?"

[이설]

"그리고 사장님이 이탈리아에 있는 동안, 감사하게도 위스키나 와인을 보틀 주문하시는 분들이 있었어요. 개중에는 저한테 술을 한 잔 대접하고 싶다는 분들도 있었는데, 아시다시피 제가 술이 약하잖아요? 그래서 모두 거절했죠. 하지만 그 마음들은 모두 정말 감사했어요. 사장님도 종종 이런 경험 있으시죠? 술 한 잔 대접하고 싶다는 분들도 있고?"

[종인]

"맞다. 나한테도 종종 술을 대접하고 싶다는 손님들이 계시지. 그런데 참 이상한 건 내가 근무할 때는 잔으로도 거의 팔리지 않던 위스키나 와인이 너희가 있을 때는 매일 병으로 팔리더라. 덕분에 이탈리아를 여행하는 동안 진지하게 고민해봤다. 도대체 너희와 나는 뭐가 달랐던 것일까? 왜 나는 보틀을 판매하지 못했는가? 기분 좋은 회의감이라고 하면 맞을까? 영업에 대해 다시 생각해보는 계기가 되었다."

Q. 완도에 있는 동안 기억에 남는 에피소드는 뭔가?

[해준]

"에피소드라기보다는 고백할 게 있어요. 누나를 돕다가 잔을 몇 개 깼는데, 아직도 마음에 걸려요..."

[종인]

"괜찮다. 일부러 그런 것도 아니지 않나? 그런데 얼마나 깼나? 이탈리아에 있는 동안 몇 번인가 잔을 깼다는 보고를 받았던 것 같은데 설마 그 이상인가?"

[이설]

"그런 건 아니에요! 사장님한테 말씀드린 게 전부랍니다!"

[종인]

"그럼... 됐다..."

[이설]

"(자연스럽게 화제를 전환하며) 완도 친구 집에서 만난 왕괴물 바퀴벌레가 기억에 남아요. 일을 마치고 돌아와 자려고 침대에 누웠는데 '충기척'이 느껴지는 거 있죠? 뭔가 쎄~해서 일어났더니 세상 거대한 바퀴벌레가 머리맡에! 크기도 크기인데 소리가 정말 대단했어요. 그런데 원래 바퀴벌레가 소리를 내나요? 시청각적으로 얼마나 끔찍했는지 한동안 바퀴벌레 트라우마에 시달릴 정도였다니까요?"

"해준이랑 사장님이랑 저랑 셋이 사장님 트레이드마크인 빨간 볼보 자동차를 타고 해남에 놀러 갔을 때도 기억에 남아요. 길거리 음식도 먹고 오래된 동네 마트에서 오래된 술을 사서 칵테일 신메뉴를 개발하겠다고 뚝딱뚝딱했었죠? 해남을 오가는 내내 이상하게 재밌고 웃겼어요. 지금 생각하면 그냥 근교 나들이였는데 뭐가 그리 재밌었는지 몰라요."

Q. (이설에게) 손님으로 접할 때와 직원으로 완도살롱 사장을 대할 때는 무엇이 달랐나?"

[이설]

"똑같아요. 처음에 손님으로 갔을 때나 직원으로 일할 때나 인터뷰하는 지금이나 사장님은 정말 한결같아요. 항상 진행 욕심이 있고, 뭔가 도전하려 하고, 이벤트도 자주 만들고. 연세도 많으신데 참 에너지가 대단한 사람이 아닌가 생각해요."

Q. (해준에게) 국문학 전공자이자, 서점문화에 관심 많은 사람으로서 완도살롱에 해주고픈 이야기는?

[해준]

"완도도 충분히 좋지만, 완도 밖의 서점이나 전시, 페어 등을 보고 시야를 넓히셨으면 좋겠어요. 꼭 일 때문이 아니더라도 여기저기 다니면 재밌잖아요."

Q. 일하는 동안 특별히 더 힘들거나 좋았던 기억은?

[이설]

"손님이 많을 때보다 오히려 손님이 적고 없을 때 힘들었어요. 일이 없으니 마음도 편할 줄 알았는데 아니더라고요. 장사라는 게 정말 알 수가 없죠. 어떤 날은 주말도 아무 날도 아닌데 손님이 많고, 또 어떤 날은 또 왜인지 모르게 손님이 적고. 손님이 있거나 없거나 자리를 지키고 있어야 하는 사장님들의 마음을 조금은 헤아릴 수 있게 되었어요."

"그리고 저 멀리 서울에서부터 저를 보러 와준 사람들 덕분에 좋았어요. 완도는 서울에서 정말 오가기 힘든 곳이잖아요? 아마 사장님도 그런 마음으로 일을 하시지 않을까 생각해요. 감사한 마음."

[해준]

"사실 저는 특별히 힘든 일이 없었어요. 보조여서 부담도 덜했고요. 그래서 편하게 지낼 수 있었어요."

"특별히 기억에 남을 정도로 좋았던 건 누나랑 누나친구랑 같이 명사십리 해변에 갔을 때죠. 밤과 낮에 몇 번 갔었는데 가는 길도, 해변도 모두 아름다웠어요."

Q. 경험에 비추어 볼 때 완도살롱에서 사장 또는 직원으로 일하려면 어떤 덕목이 필요하다 생각하는가?

[이설]

"아무래도 눈치가 빨라야 할 것 같아요. 어떤 손님은 말을 걸어주길 기다리고, 또 어떤 분은 혼자 있고 싶어 하는데 그때마다 물어볼 수는 없잖아요. 눈치껏 그들이 원하는 걸 알아채고 해줄 필요가 있다고 느꼈어요."

[해준]

"저는 외적인 부분도 중요하다고 생각해요."

"사장님 첫인상에서도 느낀 건데, 패션, 헤어 등 모든 면에서 자신만의 스타일이 있으면 좋을 것 같아요. 사실 사장님 덕분에 완도살롱이라는 공간도 더 힙해지는 것 같고요."

[이설]

"해준이 말이 맞아요. 객관적으로 보면 완도살롱은 자체로 힙한 곳은 아니죠. 공간의 전체적인 느낌이나 인테리어, 구조나 조명도 그렇고. 어떻게 보면 평범해요. 그런데 사장님의 존재감이 더해지면 공간 분위기가 달라져요. 아... 너무 들뜨진 마시고요."

[종인]

"두 사람 말이 모두 맞다. 황송하기도 하고. 사실 그래서 나도 너희들을 완도살롱으로 모셔온 것이다. 너희 홍남매는 눈치도 센스도, 스타일도 있는데 외모마저 훌륭하니까!"

Q. 혹시 불쾌하지 않다면, 완도와 완도살롱에서 함께 보낸 시간이 우애에 도움이 되었는지 물어도 되나?

[이설, 해준]

 "(누가 먼저랄 것도 없이) 아니요? 저희 사이는 예나 지금이나 똑같아요. 더 좋아지거나 나빠지지도 않았고요. 하지만 다음에도 여행을 떠날 기회가 있다면 같이 가도 괜찮겠다는 생각이 들어요. 완도에서의 시간이 그걸 증명했죠!"

Q. 만약 완도살롱이 폐업을 확정하면 어떨 것 같나?

[이설]

 "몹시 아쉬울 것 같은데요? 완도에 있던 친구도 지금은 제주로 이주했는데 완도살롱마저 없다면 도대체 완도에 갈 이유가 무엇이 있을까요."

 "앞으로 다시는 완도에 가지 않는다고 가정해도

살롱이 완도에 없으면 아쉬울 것 같아요. 바퀴벌레를 제외하면 완도에서의 삶은 말 그대로 제로 스트레스였어요. 그러니까 좋은 말로 할 때 완도살롱 안 닫으셨으면 좋겠네요."

[해준]

"출판계나 서점에서 일하고 싶은 사람으로서 완도살롱의 폐업은 서점이 하나 사라진다는 것만으로도 아쉬운 일이에요. 개인적으로는 낭만적인 추억을 쌓았던 곳이 없어지니 아쉽고요. 닫지 마세요."

Q. 완도살롱에 바라는 점이 있다면? 아이디어나?

[이설]

"영업시간이 너무 짧아요! 지금은 새벽 1시가 마감이죠? 사장님이 조금 더 고생하시고 새벽 2시까지만 영업해도 좋겠어요. 손님들 생각도 해야죠!"

[해준]

"직원이나 파트타이머를 채용하셔서 가게는 쉬지 않되 사장님은 쉬는 시스템을 갖추길 바랍니다. 아무래도 이제 사장님은 연세도 있으시고..."

Q. 연세... 고맙다... 마지막으로 남기고 싶은 말은?

[해준]

"네바다 핫도그 정말 왕 맛집이니까 완도살롱에 가셨다면 네바다 핫도그도 반드시 꼭 가시고, 외갓집 밥상도 꼭 가셔서 매콤고추장애호박찌개 꼭 드시고요! 방금 시카고피자 먹고 왔는데 말을 많이 해서 그런지 또 배가 고프네요? 저녁은 뭘 드실래요?"

[이설]

"완도살롱을 폐업하더라도 사장님은 분명히 뭔가 또 일을 벌일 양반이니까 완도살롱, 아니 사장님의 의지는 이어질 것 같네요. 그리고 아직 폐업하기에는 멀었어요. 얼마 전에 지인이 완도에 여행 차 갔다 왔다길래 '완도살롱에는 다녀왔느냐'고 물었더니 그게 뭐냐고 하더라고요? 더 열심히 하세요. 도망칠 생각 하지 마시고요."

[종인]
 "그래... 고맙다..."

- 인터뷰 2. '의 좋은 남매이자 직원이었던' 끝

인터뷰 3. 동업자의 변(辯)

- 강준용. a.k.a 강교익. 종인의 전 동업자.
- 김슬비. 준용의 동반자.

여기서는 완도살롱 마담의 오랜 친구이자 동업자였던 준용과 나눈 이야기를 공개한다. 앞서 등장한 동업자 K의 정체가 바로 강준용이다! 이럴 거면 왜 K라고 한 거야? 아무튼, 무슨 일이든 양쪽 이야기를 다 들어봐야 하는 법이므로 우리의 동업에 대한 준용의 입장도 들어보기로 한다.

아울러 준용의 아내 김슬비 여사께서 인터뷰에 특별히 동행해주셨다. 그녀 또한 완도살롱의 오래된 손님이다. 이 인터뷰를 다 읽으면 제법 로맨틱한 두 사람 러브스토리의 숨은 이야기를 알 수 있을 것이다.

대화는 어느 휴일 오후 완도 카페에서. 기름진 중화요리로 배를 채운 뒤 진행하였다.

Q. 처음 내가 완도에 왔을 때 어떤 생각이 들었나?

[준용]

"2017년 3월에 내가 완도에 정착하고 너도, 다른 친구들도 종종 놀러 왔었지. 몇 번은 내가 먼저 부르기도 했고. 이 먼 곳까지 친구들이 와주어서 고맙고 또 즐거웠다. 네가 짐을 싸 들고 온 게 2017년 10월이었나? 그때 너는 무척 힘들고 지쳐 보였다. 그래서 나는 네가 그저 푹 쉬다가 갔으면 했고."

"그즈음 나도 한가지 고민을 하고 있었다. 완도를 떠나 목포로 가보면 어떨까 하는 것이었다. 알다시피 완도에는 일자리 다양성이 부족하지 않나. 사회복지 일은 다시 하고 싶지 않은데, 그러면 완도에는 내가 할 수 있는 일이 많지 않았다. 식당이나 양식장에서 일하고 싶지도 않았고. 그래서 직업 선택지가 다양한 곳으로 가려 한 것이다. 그런데 완도에 한 달만 있겠다고 했던 네가 갑자기 집을 계약하고 장사를 하겠다 선언한 거다. 나는 떠날 고민을 하고 있는데 말이지."

Q. 그랬나? 진지하게 떠날 생각을 했는지는 몰랐다. 맨날 하는 푸념인 줄 알았지. 그러면 내가 완도에 완전히 정착한다고 했을 때는 어떤 마음이었나?

[준용]

"당연히 걱정이 앞섰다. 절대 쉽지 않을 테니까. 아는 사람 하나 없이 완도에 먼저 정착한 내가 제일 잘 알지 않겠나. 서른이면 인생이나 직업적으로 전성기를 맞이해야 할 때인데, 괜히 나 때문에 어려운 길을 선택한 건 아닌가 싶었다."

[종인]

"다른 건 몰라도 너 때문은 절대 아니다. 친구도 하나 없이 여기서 홀로 살아갈 네가 걱정되었다거나 하는 로맨틱한 상상을 한 건가? 그렇다면 정중하게 사과해주길 바란다. 나는 나 때문에 완도에 온 거다. 너 때문이 아니라."

Q. 자, 그러면 이제 본격적으로 불편한 이야기! 우리 동업이 어떻게 시작되었는지 기억하나?

[준용]

"네가 서점 창업을 준비하는 걸 보며 나도 용기가 생겼다. 평소 관심 있던 수제맥주펍을 차리면 좋겠다 싶어서 창업을 선언했고. 하지만 공간을 구하기가 쉽지 않았다. 마음에 드는 곳을 찾아도 등기에 문제가 있거나, 계약서 쓰기 전날 건물주가 마음을 바꾸는 일도 있었다. 그런 일이 반복되니 절로 힘이 빠졌다. 상상 속에서는 이미 사장이 되어 있는데 잘 안풀리니 조급해졌고. 내가 먼저 네 공간에서 같이 무언가를 해보면 어떨까 제안했던 걸로 기억한다."

[종인]

"그래? 나는 내가 먼저 동업 이야기를 꺼낸 걸로 기억하는데? 뭐지? 기억이... 고장났나? 그런데 지금 네 이야기를 듣다 보니 문득 이런 생각이 든다."

"내가 먼저 동업하자는 이야기를 꺼내도록 네가 유도한 건 아닌가 하는?(웃음)"

[준용]

"(농담조로) 속으로는 그런 생각도 했던 게 사실이다. 같이 하면 어떨까? 같이 하면 어떨까? 같이 하면 어떨까? 같이 하면 어떨까? 같이 하면 어떨까? 같이 하면 어떨까? 같이 하면 어떨까? 같이 하면 어떨까? 하고."

Q. 아... 동업을 준비하는 과정에서 기억에 남는 건?

[준용]

"나는 줄곧 사회복지사로 일했고, 너는 마케터였으니 너의 경험이나 감각을 믿고 운영을 비롯한 많은 부분을 맡기면 좋겠다고 생각했다. 의존했다는 말이 맞을 정도로. 그 점에 대해서는 지금도 미안하다."

"뭐, 재밌는 일도 많았다. 그중에서는 신현이(나와 준용의 고향 친구)랑 너랑 셋이 같이 갔던 제주도 여행이 특히 기억에 남는다. 펍과 서점 벤치마킹도 하고 아주 알찬 여행이었다. 남자들은 가끔 아무 생각이나 계획 없이 무작정 여행을 떠나지 않나. 나는 그게 너무 싫은데 그 제주도 여행은 버릴 게 없었다."

"한 번은 친구들이랑 부산에 놀러 간 적이 있었다. 그런데 부산까지 가서 삼겹살을 구워 먹고, 게임을 하자며 피씨방에 간 거다. 이럴 거면 왜 먼 부산까지 왔나 싶더라. 그래서 제주 여행이 좋았다. 목적이 분명하니 시간도 효율적으로 쓰게 되고."

"우리의 제주 여행에서 가장 큰 성과는 수제맥주 유통이 어렵다는 걸 알게 된 거였다. 완도로 돌아와 동업을 결심한 후에 수제맥주를 포기하고 칵테일과 위스키로 선회를 결정한 것도 제주 여행에서 보고, 배우고, 묻고, 따져 본 덕분이었다."

Q. 함께 일하는 동안 벌어진 일 중 기억에 남는 건?

[준용]

 "창업 초기에는 둘 다 요령이 없었다. 나는 그때가 가장 힘들었던 것 같다. 그리고 다른 돈벌이를 병행한 너와 다르게 나한테는 완도살롱 매출이 수입의 전부여서 매출이 적은 달에는 스트레스가 이만저만 아니었다. 돈을 벌려고 일을 시작했는데 안 벌리니 당연한 일이었겠지만."

Q. 그렇다면 완도살롱 손님 중에는 기억에 남는 이가 있는가? 좋은 사람이나 나쁜 사람 모두 좋다.

[준용]

 "좋은 사람은 분명하다. 사랑하는 아내 슬비, 계속 가깝게 지내는 우리 친구들처럼. 시간이 지나도 곁에 남아 있으니 서로 검증이 끝난 게 아니겠는가?"

"한편 기억에 안좋게 남은 사람들에게는 신기한 공통점이 있다. 문을 열고 들어올 때부터 무언가 기운이 좋지 않다는 것이다. 그 사람은 어김없이 무례하거나 불쾌한 일을 만든다. 너도 최근에 이상한 손님 때문에 불쾌한 일을 겪은 걸로 알고 있다. 장사라는 게 가끔은 아주 더럽고 치사하다. 그렇지 않나?"

Q. 그 이야기는 넘어가자... 이번에는 두 사람에게 질문하겠다. 혹시 서로의 첫인상은 어땠나?

[슬비]

"처음에 사장님께서 우리를 서로 소개해주셨죠? 사실 오빠 첫인상은 별로였어요. 서로 알고 지내라며 소개해주는데 오빠가 말도 없이 그냥 고개만 까딱까딱했거든요. 지금이야 초면에 낯을 가려서 그랬다는 걸 알지만, 그때는 '이 사람 뭐지?' 하는 생각이 들었어요."

[준용]

"나도 할 말은 있다. 슬비의 첫인상은 착하고 선한 이미지였다. 그래서 진짜 착한 줄 알았다. 뭐 지금도 물론 착하긴 하지만..."

"아무튼, 우리가 처음 만났을 때 나는 연애를 꽤 오래 쉬고 있었다. 운동도 꾸준히 해야 근력이 유지되는 것처럼, 연애를 오래 쉬니까 이성과 대화조차 어색하고 어렵더라. 그런데 그날 슬비를 보자마자 몸과 마음이 절로 움직였다. 연애 세포가 다 죽고 없어진 줄 알았는데 다행히도 그건 아니었나보다. 그리고 슬비 말이 맞다. 처음에는 어색해서 그런 거다."

Q. 고백은 누가 먼저 했나?

[준용]

"내가 먼저 했다고 봐야 한다."

[종인]

"넌 꼭 그런 식이다. 하면 한 거지. 도대체 했다고 봐야 하는 건 뭔가?"

[슬비]

"먼저 적극적으로 다가온 건 오빠였으니까 저는 다 이해해요. 지금이 중요하지 과거가 다 무슨 소용인가요~"

[종인]

"(한숨을 내쉬며) 천생연분이라니까..."

Q. 결혼은 언제 어떻게 결심하게 되었나?

[준용]

"연애의 어느 시점부터는 사실혼 관계나 다름이 없었다. 거의 매일 만나서 함께 시간을 보냈으니."

"그러다 만난 지 6개월이 되었을 쯤 진지한 이야기를 나눴다. 1년, 그러니까 앞으로 사계절을 더 같이 보내고도 우리 둘 사이가 지금과 같으면 결혼하자고. 그 후 1년 동안 크고 작은 문제도, 다툼도 있었지만 관계에는 큰 문제가 없었다. 그래서 결혼했다."

[슬비]

"저도 오빠를 만나면 만날수록 '이 사람이다'하는 생각이 들었어요. 그래서 결혼 이야기가 나왔을 때 결심이 더 쉬웠는지도 몰라요. 처음 간 결혼 박람회에서 모든 걸 결정했고, 그 후로는 일사천리였어요."

Q. 정말 아름다운 이야기다! 이번에는 아름답지만은 않은 질문을 하겠다. 혹시 동업을 후회하지는 않나?

[준용]

"단언컨대, 아주 좋은 경험이었다고 생각한다."

"나는 창업이든 동업이든 그럴 마음이 생겼다면 무조건 하루라도 빠르게 해보는 걸 추천하는데, 이 '장사병'이라는 게 한 번 도지면 뾰족한 수가 없기 때문이다. 일단 한 번은 해 봐야 뭐든 결론이 난다."

"다시 우리의 동업 이야기로 돌아오자면, 친구로서 알았던 너와 비즈니스 파트너로서의 너는 확실히 다른 사람이었다. 그 점을 알게 되어 흥미로웠다. 또 혼자였으면 시작조차 어려웠을 일을 함께여서 해낼 수 있었다. 너와 나 모두 약간의 문제를 가지고 있었는데 그걸 보완하는 느낌이 좋았다."

Q. 하필 10월 31일에 동업을 그만하자고 선언했다. 왜 그런 결심을 하게 되었나? 생일선물이었나?

[준용]

"나는 매일의 매출에 너무나도 일희일비했다. 내 성격상 불규칙한 수입은 너무 큰 스트레스였고."

"같이 일하면서 우리 관계도 파국으로 치닫지 않았나? 나를 위해서나 우리를 위해서나 내가 살롱을 떠나 다른 일을 찾는 게 좋겠다고 생각했다. 동업을 끝내고 두 달 만에 절대 가고 싶지 않았던 사회복지업계로 돌아갔는데 패배감은 들지 않았다. 하고 싶은 걸 해봤으니 오히려 마음이 후련하고 편했다. 규칙적인 삶, 규칙적인 월급, 네가 없는 일터... 완벽하지 않나? 사회복지사를 그만두고 집배원이 된 지금도 아주 만족한다. 내가 안정에서 행복을 느끼는 사람이라는 걸 창업과 동업 덕분에 잘 알게 되었다."

Q. 동업이 끝난 후 얼마간은 데면데면했다. 그럼에도 너는 완도살롱에 자주 왔는데, 일부러 온 건가?

[준용]

"나는 그냥 손님으로 간 거다. 그러니 오해 없길 바란다. 나는 사실 동업을 그만하자는 말을 꺼냈던 그 날 우리가 많은 이야기를 나눴고, 오해도 다 풀었다고 생각했다. 그런데 나만 그런 건가? 이종인 씨는 아직 앙금이 남아 있으신가?"

[종인]

"(농담이라는 듯 웃으며) 아니다. 조금 밖에..."

Q. 이제는 슬픈 이야기. 만약 우리가 함께 만든 완도살롱이 사라진다면 어떨 것 같나?

[준용]

"너도 동의하는 것처럼 이 섬에 사는 사람들 모두 이별을 마음에 품고 산다. 친구들도 모두 이곳을 떠나고 싶어 하지 않나? 완도살롱이 폐업을 선언한다면 사람들 모두 이제 때가 되었다고, 올 것이 왔다고 생각할 것이다. 슬프고 아쉬운 이야기지만 모든 건 다 끝이 있다. 받아들이는 수밖에."

"다만 우리 친구들이 걱정이다. 마음 두고 몸 둘 데가 없어서 슬퍼할 테니까. 완도에서는 대화 상대가 한정적인데 그 갈증을 조금이나마 해소해줬던 완도살롱이 없어지면 진짜 갈증을 실감할 거다."

[슬비]
"저도 완도살롱이 없어서 오빠가 쓸쓸해하는 걸 보면 마음이 좋지 않을 것 같아요..."

[준용]
"그러게 평소에 자주 보내 주..."
"아무튼, 살롱을 대체할 수 있는 공간이 있다면 모르겠는데, 여전히 대체제가 없으니 큰일이다. 우리 입으로 말하자니 민망하고 웃기지만 완도에서 가장 트렌디한 공간이 사라지면 어디서 유행을 좇나? 사람들은 어디서 만나고?"

Q. 훗날 완도에서 보낸 시간을 돌이켜보면 어떻게 기억될 것 같나?

[준용]

"완도는 우리 부부를 이어 준 곳이다. 나는 우리의 이야기를 대대손손 가족의 전설로 남길 것이다. 후손들에게 러브스토리를 들려 주는데 '강준용 할아버지와 김슬비 할머니는 완도의 어느 바에서 사장과 손님으로 처음 만나…'ㄴ 시작하면 그야말로 힙하지 않겠는가?"

"개인적으로는 열정과 에너지가 넘쳤던 30대 초를 보낸 곳으로 기억할 것 같다. 젊은 날 즐거운 모험을 했던 곳으로 말이다. 그런데 나는 아직 완도를 떠날 생각이 없는데 왜 이런 질문을 하나? 나는 완도를 떠나지 않고 여기서 행복하게 오래오래 잘 살 거다. 우리 슬비랑."

Q. 좋다. 마지막으로 더 하고 싶은 이야기가 있나?

[준용]

"만약 완도살롱을 폐업한다면, 이후에는 정확하지 않더라도 계획을 세우고 움직이면 좋겠다. 벌써 30대 중반이다. 앞으로는 너도 인생을 길게 보고 장기적인 계획을 세워 움직여야 하지 않겠나. 내가 보기에 넌 너무 즉흥적이다. 모험에도 반드시 끝이 있으니 잘 생각하고 행동했으면 좋겠다. 폐업하지 않더라도 계획은 필요하고. 뭐, 어쨌거나 계속 응원은 하겠다."

- 인터뷰 3. '동업자의 변(辯)' 끝

인터뷰 4. 그는 왜 매년 완도에 오는가?

- 최지승. a.k.a 최강지승. 울산 사나이.

지승과는 밀라노 두오모 꼭대기에서 만났다. 혼자 여행 중인데 사진을 찍어 주실 수 있겠냐며 지승이 우리 일행, 그중에서도 나를 콕 찝어 말을 걸어온 것이다. 이를 계기로 그날 저녁을 함께 여행한 우리는 남은 여행 중에도, 한국으로 돌아온 후에도 안부와 연락을 주고받았다.

지승은 2020년부터 매해 완도에 온다. 처음에는 한 달, 2년 차에는 2주, 3년 차에는 일주일로 체류 기간이 조금씩 줄고 있으나 그의 완도 사랑은 여전히 열렬한 것으로 보인다. 그렇다면 도대체 무엇이 그를 머나먼 완도로 이끄는 것일까?

지승과의 인터뷰는 그의 3년 차 완도 방문이었던 2022년 여름 어느 날 완도 카페 쎄라비에서 진행하였다. 인터뷰를 마치고는 조개구이에 소주를 먹으러 갔는데 맛이 제법 좋았다.

Q. 밀라노에서 내 첫인상은 어땠나?

[지승]

 "우선 기골이 장대했고, 뭐랄까 자유로운 여행가처럼 보였어요. 해외에서 만난 동양인 중 가장 여유로운 아우라가 느껴졌다고 할까요? 형님 얼굴에서도 두려움이나 부담감보다는 자신감과 호기심으로 가득했던 게 기억에 남아요. 그리고 뭔가 딱 봐도 예술가 같아서 사진을 부탁드린 거고요. 여성 두 분과 함께 계셔서 말을 걸었던 건 절대 아니랍니다."

Q. 사진을 계기로 식사도 하고, 술도 마시며 함께 여행했는데 그날의 기억은 어땠나?

[지승]

 "제가 워낙 대화를 좋아하잖아요. 여행에서 만난 사람들과도 이런저런 이야기를 많이 나눴는데, 유독 밀라노에서의 대화와 기억이 강렬해요. 돌이켜보니 그날 일이 전부 다 재밌었던 것 같아요. 밀라노 이후에도 형님께 연락을 드렸었죠? 그때마다 반갑고 상냥하게 맞아주시고 다음을 기약하셨는데요. 그때 뭔가 이 사람은 말뿐인 사람은 아닐 것 같다는 생각이 들었어요. 그 예감이 맞았는지 결과적으로 한국에서도 연락과 관계를 이어나가게 되었고요."

[종인]
"정말 인연은 만들어나가기 나름이라는 생각을 한다. 이탈리아에서 만난 거의 모든 친구가 완도살롱에 왔었는데 계속 연락이 닿는 건 극소수에 불과하니."

"내 생각에는 아마 나보다는 지승이 네가 잘해서 우리가 관계를 이어나가는 게 아닐까 싶다. 앞으로 무슨 일이 벌어질 지 모르겠지만, 우리의 멋진 우정과 인연은 지금부터 시작이라는 생각이 든다. 그러니 앞으로도 잘 부탁한다."

Q. 2020년 여름 처음 완도에 와서 거의 한 달 동안 머물렀는데, 완도행을 결심한 계기는 무엇인가?

[지승]

"그때 진로에 대한 고민이 많았어요. 원래 꿈은 문학에 있었는데, 갑작스레 진로를 미술로 변경하면서 많이 혼란스러웠거든요. 미술을 전공하면서도 아직 문학에 대한 미련을 버리지 못했나 싶고, 한편으로는 일단 시작한 미술을 잘하고 싶다고 생각했고요. 복잡한 머릿속을 정리하고 싶었는데 마침 형님이 계시는 완도 생각이 난 거죠. 처음 계획은 딱 2주만 머무는 거였는데 완도가 너무 좋아서 일정이 길어졌어요."

[종인]

"네 졸업 전시회를 보기 위해 울산에 가보니 알겠더라. 울산과 완도를 오가는 길이 얼마나 멀고 험난한지. 너는 그 길을 3년 동안 왕복한 게 아닌가? 존경한다. 고맙고."

[지승]

"별말씀을요. 앞에서는 말이 길었는데, 한마디로 줄이자면 '마음의 평화를 찾기 위해서' 완도에 가는 게 아닐까 싶네요."

Q. 그렇다면, 이후에는 왜 매년 완도에 오고 있나?

[지승]

"소설 무진기행을 참 좋아하는데요. 완도에 갈 때마다 제 마음이 무진기행 주인공이 서울을 떠나 고향 무진에 가는 마음과 비슷하다는 생각이 들어요."

"고향 울산이나 잠깐 지냈던 서울과 다르게 완도에서는 제 본연의 모습이 나오는 것 같아서 좋고, 매년 완도에 올 때마다 반갑게 맞이해주는 분들이 계셔서 뭔가 고향 같은 편안함을 느껴요. 완도에 친구도 많이 생겼고요."

Q. 상상 속 완도살롱을 처음 마주했을 때는 어땠나?

[지승]

"분명 이 도시와 전혀 어울리지 않는 공간 같은데, 또 묘하게 잘 녹아들어 있어서 신기했어요. 사실 이질적인 걸 불편하다고 생각할 수 있는데 이방인이고 여행자인 제게는 그 이질감이 더 익숙한 느낌이었다고나 할까요? 편안했어요."

Q. 도시 완도의 첫인상은 어땠나? 완도 사람들은?

[지승]

"사실 조금 혼란스러웠어요. 완도에 도착하자마자 도시를 가득 메운 해무가 반겨줬거든요. 그래서 더 무진기행을 떠올렸는지도 모르겠네요. 해무 덕분에 몽환적인 느낌도 있었지만, 안개가 너무 짙어서 당혹감이 더 컸던 것 같아요."

"사람들 이야기도 하고 싶은데요. 식당 사장님들이나 현지 분들 모두 처음 보는 여행자인 저한테도 정겹게 말을 걸어주셔서 감사했어요. 덕분에 마음을 쉽게 열 수 있었고요. 경상도는 말투도 거칠고 대화 톤도 센 편이라 생각하는데 전라도는 아니더라고요. 완도살롱 손님들도 마찬가지였어요. 모두 저를 따뜻하게 바라봐주셔서 좋았어요. 완도에 대한 자부심이 가득한 로컬들이 이곳저곳 맛집과 여행지를 추천해 주신 것도 좋았고요."

Q. 완도를 오가며 만난 사람 중 특별히 기억에 남는 분이나 인상 깊었던 대화는?

[지승]

"서울에서 완도로 여행 오셨다던 직장인 한 분이 기억나는데요. 번 아웃과 매너리즘으로 많이 힘들어 하던 분이셨어요."

"그분께 사실 매너리즘이 꼭 나쁜 건 아니라고, 미켈란젤로나 라파엘로처럼 위대한 작가들로부터 시작된 거라고 말씀드렸더니, 그분께서 덕분에 안도감을 느꼈고, 고맙다고도 해주셔서 기분이 좋았어요."

"또 지금껏 여행으로만 완도에 왔던 분이 직장 때문에 완도로 발령을 받게 되어 느끼는 감정과 고민에 대해 털어놓으셨던 것도 생각나요. 여행지가 이제는 일터가 된 거잖아요. 복잡하고 미묘한 그분의 표정을 보며 저라면 어떨까 싶었어요. 환상이 일상이 되고 꿈이 현실이 되었을 때도 행복할 수 있을까 하고요."

Q. 앞으로의 꿈이 바(Bar)를 차리는 거라고 들었다. 그렇다면 마찬가지로 환상이 현실이 될 텐데?

[지승]

"저는 대학에서 조소를 전공했고 앞으로도 계속 예술하며 살고 싶은데요. 대학에서 간접적으로나마 예술가의 삶을 경험해보니 흔히 말하는 것처럼 예술하며 돈을 버는 게 정말 힘들다는 걸 알게 되었어요. 그래서 창작 활동을 하면서 병행할 수 있는 돈벌이가 있으면 좋겠다고 생각했죠. 또 단순히 돈을 벌기 위한 수단이 아니라 창작에 영감을 줄 수 있는 이이었으면 좋겠다는 생각도 했어요."

"감사하게도 완도살롱에서 많은 힌트를 얻었어요. 형님도 글을 쓰기 위해 일을 하고, 손님들과의 대화에서 글에 대한 영감을 얻으시잖아요. 앞서 말한 것처럼 저도 사람들과 대화하는 걸 좋아하니까, 완도살롱처럼 멋진 바를 차려 보면 어떨까 하는 결론에 도달한 거고요."

Q. 그럼 본인이 만들 공간이 어떤 곳이면 좋겠나?

[지승]

"우선 손님들에게 훌륭한 서비스를 제공하고요."

"창작 활동으로 탄생한 작업물을 소개할 수 있는 공간이면 좋겠고, '신기하고 재미난 게 많은 친구 집' 같은 곳이었으면 좋겠어요. 동네 사람들, 예술가들의 아지트가 되면 좋겠고요."

Q. 꼭 가보고 싶다. 아니, 꼭 가겠다! 그렇다면 어떤 스타일의 공간운영자가 되고 싶은가?

[지승]

"손님들의 기대치를 넉넉하게 만족시키는 사장이 되고 싶어요. 집이나 다른 술집에서 마시고 즐기는 것 이상의 가치를 제공하기를 바라고요. 멋지고 유머러스한 사람이 운영한다면 알아서 손님이 찾아오지 않을까 생각해요. 공간을 운영하면서 인간 최지승도 한 단계 성장할 수 있었으면 좋겠고요."

Q. 완도살롱 폐업이 현실이 된다면 어떨 것 같나?

[지승]

"너무 슬플 것 같은데... 추억 가득한 공간이 사라지는 거잖아요? 완도에 올 이유도 하나 사라지고요. 추억이 사라지고 공허한 자리에는 그리움이 채워질 것 같아요. 거기 참 좋았는데, 재밌는 일도 많았는데 하면서요."

Q. 앞으로 살롱에 올 분들에게 하고 싶은 이야기는?

[지승]

"대화를 사랑하는 분들은 언제나 가벼운 마음으로 오셨으면 좋겠어요. 책을 들고 와서 읽으셔도 좋을 것 같고요. 하지만 뭐 어떤 분이 오더라도 사장님께서 만반의 준비가 되어 있으니 편한 마음으로 오시면 된답니다. 완도살롱은 모두에게 열려 있으니까요."

Q. 마지막으로 할 말이 있다면?

[지승]

"개인적으로는 형님께서 오래오래 완도살롱을 지켜주셨으면 좋겠지만, 폐업이든 아니든 어떤 선택을 하더라도 형님이 행복하셨으면 좋겠습니다. 건강하시고요!"

- 인터뷰 4. '그는 왜 매년 완도에 오는가?' 끝

인터뷰 5. 사직서를 품고 등장한 사나이

- 장진혁. a.k.a 장선생. 우롬.

처음 완도살롱에 왔을 때 대학을 막 졸업한 초임 교사였던 진혁은, 어느새 안전하고 건강하게 군 생활을 마치고 돌아와 더 늠름하고 멋진 사나이가 되었다. 진혁과는 몇 번인가 같이 여행을 떠나기도 했다. 완도살롱에서 어떤 행사나 이벤트를 할 때 가장 먼저 참석 여부를 묻고 도움의 손길을 내미는 '믿을맨' 중 한 명이기도 하다. 여러모로 마음이 쓰이는 손님이자 아끼는 동생이라 할 수 있겠다.

그와의 인터뷰는 점심으로 마라탕을 먹고, 새롭게 완도에 문을 연 카페를 방문한 뒤 완도 해변공원에 설치되어 있는 해수 족욕탕에서 깨끗하고 정갈하게 세족을 마친 후에야 진행할 수 있었다.

Q. 간단한 자기소개 부탁한다.

[진혁]

"안녕하세요. 2018년부터 완도에 거주하고 있는 장진혁입니다. 초등학교 교사로 근무하고 있습니다."

Q. 완도는 어떻게 오게 되었고 첫인상은 어떠했나?

[진혁]

"초임지로 완도가 결정되고서 너무 막막했어요. 멀지 않은 광주에 살면서도 완도에 가본 적이 한 번도 없었거든요. 낯설고 어색한 곳이었죠. 솔직하게 말하면 유배당하는 기분이었달까요? 100% 제 선택이 아니라 운과 타의에 의해서 완도행이 결정된 것도 부정적인 생각이 들게 하는 데 일조했어요. 이 섬은 광주에서의 모든 것들이 당연한 게 아니라 '누렸던' 거였음을 깨닫게 만드는 곳이잖아요?"

Q. 완도살롱은 어떻게 알고 찾아왔나?

[진혁]

"대학 동기 한 명이 같이 완도로 발령을 받았는데요. 그 친구와는 대학에서 서로 존재만 아는 사이였어요. 그러다 완도 발령을 계기로 친하게 지내자며 의기투합한 거죠. 2018년 1학기 초에 저와 친구를 비롯한 초임 교사 몇 명이 모임을 한 적이 있는데요. 식사를 마치고 2차로 간 곳이 완도살롱이었어요. 그 친구가 블로그 검색을 통해 알아둔 데가 있다며 추천한 곳이었죠."

"처음 살롱에 갔을 때는 준용이형이 근무하고 있던 걸로 기억해요. 모처럼 좋은 시간을 보내고 가려는데 준용이형이 독서모임 회원을 모집하고 있다며 신청서를 내밀었어요. 저는 일말의 고민없이 신청서를 작성했고요. 사막에서 오아시스를 발견하면 이런 기분이겠다 생각하면서."

Q. 완도살롱을 알기 전에는 어떻게 지냈나?

[진혁]

"어릴 때는 취업하면 모든 게 해결될 줄 알았는데 그게 아니더라고요. 오랜 꿈이었던 교사라는 직업에 회의를 느낄 정도로 처절한 날의 연속이었어요. 당시 근무하던 학교는 완도읍에서 자동차로 20분 거리에 있었는데, 숙소마저 학교 안에 있어서 갇혀 사는 기분이었어요. 가장 가까운 편의점도 자동차로 한참을 가야 했고요."

"게다가 숙소라는 곳도 가끔 물이 나오지 않을 정도로 낙후된 곳이었어요. 씻기 위해 아침 일찍 읍에 있는 목욕탕에 다녀오거나 운동장을 가로질러 수돗물을 떠 오는 일도 잦았어요. 광주에서는 상상조차 하지 못하는 일이 매일 벌어지니 이렇게는 채 1년도 버티지 못하겠다는 생각까지 든 거죠. 지금 생각하면 교사로서의 일보다는 관사와 여가 생활이 어렵고 힘들었던 것 같네요."

Q. 처음 독서 모임에 왔을 때를 기억한다. 사직서를 품고 다닌다며 꺼내서 보여주었는데 약간 무서웠다. 퍼포먼스였나? 아니면 진심이었나?

[진혁]

 "글쎄요? 제가 왜 그랬을까요... 하지만 그때는 진지하게 학교를 그만두고 임용고시를 다시 볼 생각도 했었어요. 시험을 치른 지 얼마 지나지 않았을 때라 합격할 자신이 있었거든요. 언제든 그만둘 생각으로 사직서를 가지고 다녔는데, 돌이켜보면 많이 욱했던 것 같네요. 요즘 마음가짐이라면 사직서를 출력하는 일조차 없었을 겁니다. 그냥 '진혁이가 많이 힘들었구나~' 생각해주세요."

 "굳이 독서 모임에 사직서를 들고 가서 보여드린 이유는 저도 잘 모르겠어요. 오래된 일이라 기억이 가물가물하기도 하고요. 관사에서 지내는 동안 인간관계가 단절되어 있어서 관심을 받고 싶었던 건 아닐까요? 저 정말 외로웠거든요..."

Q. 본격적으로 완도살롱에 다니기(?) 시작한 후에는 어떤 마음이었나? 안정과 평화를 얻었나?

[진혁]

 "완도살롱을 알기 전까지 제가 만나고 대화하는 사람들은 직장 동료가 전부였는데요. 학교 사람들에게 고민이나 괴로움을 토로하면 다들 비슷하게 반응했어요. 대답도 비슷했고요. 지금 생각해보면 그들도 비슷한 고민을 하며 힘든 시간을 보냈던 건 아닐까 싶네요. 하지만 살롱에서 만난 사람들은 달랐어요. 모두 제 이야기에 귀를 기울여 주셨고 공감해주거나 자기 이야기를 해주기도 하셨어요."

 "관사가 워낙 불편하고 답답해서 완도살롱이 집처럼 느껴진 적도 많아요. 그리고 살롱에 있는 시간이 아주 재밌었기 때문에 매일 출근하듯 간 것 같네요. 그때는 매일 술을 마시고, 대리운전을 불러서 관사로 돌아갔는데 조금도 돈이 아깝다는 생각이 들지 않았어요."

Q. 완도살롱에서 직접 주최하거나, 완도살롱이 참가한 프로그램 중에서는 어떤 게 가장 기억에 남는지?

[진혁]

 "완도살롱 할로윈 파티가 기억나요. 그때를 떠올리면 아직도 꿈을 꾸는 것 같은데요. 제가 준비한 것들을 사람들이 좋아해주고 즐기는 걸 보면서 행복을 느꼈어요."

 "군 입대를 두 달 앞두고 참여한 독립출판 워크숍 '완전히 솔직하게'도 기억에 남아요. 책 출간을 사회에서의 마지막 임무로 생각하고, 무슨 수를 써서라도 반드시 책을 내고 입대해야겠다고 마음먹었거든요. 결국 워크숍 참가자 중 유일하게 출판에 성공했는데, 또 출판 워크숍을 하더라도 참여할 의지가 있어요. 그때와 달리 지금은 경험도 있고, 시간도 충분하니까 더 잘할 수 있지 않을까요? 이번에는 교육에 관련된 책을 쓰고 싶어요. 교직에서, 교단에서 경험한 것을 이야기하는 거죠!"

Q. 완도살롱에서 만난 사람 중에서 가장 기억에 남는 사람은 누구인가? 근황이 궁금하다거나 하는?

[진혁]

"독서모임을 함께 했던 홍식 형님의 근황이 많이 궁금해요. 그분도 저처럼 원치 않는 발령을 받아서 완도에 온 분이셨는데, 실망하고 불평하기보다 이곳에서 누리고 즐길 수 있는 것들을 찾아서 진취적으로 살았던 분이셨어요. 독서 모임에서 대화도 많이 나눴는데, 나이가 들어 더 큰 어른이 된다면 저렇게 되고 싶다고 생각했죠. 홍식이형, 잘 지내시죠?"

Q. 지금껏 완도살롱에서 벌어진 일 중 기억에 남는 에피소드가 있나?

[진혁]

"이런 이야기를 해도 될지 모르겠지만..."

"2018년 여름에는 매일 저녁 직장에서 퇴근하고 완도살롱에 출근하는 단골 무리가 있었는데, 밤이 새도록 사람들과 놀고 아침에 잠깐 씻기만 하고 출근한 적이 몇 번 있었어요. 그때는 다들 어리고 체력이 좋아서 밤새고 출근해도 멀쩡히 일하고 다음 날 또 모여 놀 수 있었는데... 지금은 다들 뿔뿔이 흩어지고 나이도 들어서 상상조차 하기 힘든 일이 되었죠."

"형이랑 같이 대전으로 도시재생 워크숍을 다녀온 것도 아주 좋았어요. 그때 워크숍 참가자들의 이야기를 들으면서 세상에는 정말 다양한 사람들이 다양한 방식으로 살아간다는 걸 알 수 있었어요. 저한테는 사무실에 출근해 일하고 퇴근하는 삶이 전부였는데, 다들 원하는 방식으로 살기 위해서 최선을 다하고 있더라고요. 덕분에 저도 새로운 시선으로 세상을 보게 되었어요."

Q. 입대 전과 전역한 지금 가장 달라진 점은 뭔가?

[진혁]

"크게 달라진 건 없다고 생각해요. 다만 예전보다 인내심이 조금 생긴 것 같은데요. 입대 전에는 최대한 많은 걸 경험하고 즐기자는 생각에 조급했다면, 전역 후에는 인생을 길게 보고 모든 걸 느긋하게 생각하려는 관점을 갖게 되었어요. 삶도, 인간관계도 모두 말이죠."

"처음 완도에 왔을 때와 전역하고 완도에 돌아왔을 때 제 마음가짐이 달라져서 많이 놀랐던 기억도 있어요. 분명히 똑같은 완도 바다를 보는데 예전에는 막막한 느낌이었다면, 전역 후에는 정겹고, 반갑고, 아름답다는 생각이 든 거죠. 이제 완도를 떠올리면 제가 사랑하는 사람들이 있고, 아름다운 추억이 많은 곳이라는 생각이 먼저 들어요. 그래서 앞으로도 계속 완도에 살아도 좋겠다 싶고요."

Q. 장진혁에게 완도살롱이란 어떤 의미인가?

[진혁]

"매트릭스 또는 메타버스 같아요. 매트릭스에서 주인공 네오가 빨간 약(진실)과 파란 약(거짓) 중 하나를 선택하는 장면이 나오잖아요. 완도살롱에서는 제가 꿈꾸는 이상에 가까운 환상적인 일만 계속 벌어지는 것 같아요. 저도 네오처럼 직장에서의 나와 완도살롱에서의 내가 무언가 다르다는 걸 느끼고요."

"저는 완도살롱 덕분에 지금껏 완도에서 버티며 살 수 있었다고 생각하는데요. 그래서 처음 폐업기를 쓰신다는 이야기를 들었을 때 안타깝고 무서웠어요. 사랑하고 좋아하는 공간마저 없어지면 무슨 힘으로 완도에 살 수 있을까 싶어서요. 완도살롱은 내 아지트이자 사람들을 만나기 위한 만남의 장소인데, 완도살롱이 사라지면 빨간 약을 먹은 진실의 세계로 돌아갈 것 같네요. 인생과 시간의 유한함을 느끼면서요."

Q. 완도살롱이 폐업한다면 어떨 것 같은가?

[진혁]

"무척 섭섭하겠죠. 누구에게나 그 자리에 그대로 있어 주었으면 하는 공간이 있잖아요. 학교 앞 문방구나, 대학 때 자주 갔던 술집, 완도의 한 살롱처럼."

"저한테 완도살롱이 없어진다는 건, 한때 내가 완도에 살았고 여기서 좋은 시간을 보냈다는 증거가 없어지는 거예요. 물론 기억에는 남아 있겠지만, 기억이라는 것도 시간이 지나며 점점 흐릿해지잖아요."

Q. 만약 진혁이 네가 완도살롱 폐업보다 먼저 완도를 떠난다면 얼마나 자주 완도와 살롱에 올 것 같은가?

[진혁]

"이럴 때마다 저를 포함한 사람들이 이기적인 걸 실감해요. 솔직히 완도에 자주 못 갈 것 같거든요."

"하지만 언제든 제가 가고 싶을 때는 완도살롱이 열려 있었으면 좋겠어요. 이런저런 이유로 저도 내년 쯤 완도를 떠날지 모르는데, 벌써부터 막막하네요."

Q. 완도를 떠나는 것이 확정된다면 남은 시간 동안 완도에서 무얼 하고 싶은가?

[진혁]

"늘 이야기하던 거지만, 처음처럼 예전처럼 독서 모임을 했으면 좋겠어요. 완도에 계신 분은 물론이고 완도에 없지만 보고 싶은 사람들까지 모두 불러서!"

"완도에 있는 분들 중 몇몇도 올해가 지나면 완도를 떠날 계획을 세우고 있는 걸로 아는데요. 그러니 올해가 가기 전에 다 같이 모여서 뭐라도 했으면 좋겠어요. 최대한 자주 만나고요."

Q. 완도살롱에 처음 오는 분들에게 해주고 싶은 말이 있다면?

[진혁]

"어릴 때는 처음 보는 사람들에게 말도 잘 걸고 대화하는 것도 편했는데, 이제는 데면데면하고 어색할 때가 많아요. 하지만 용기를 내어 먼저 다가갔더니 상대방도 반가워하더라고요."

"완도살롱도 마찬가지예요. 완도살롱 문은 언제든 누구에게나 열려 있지만, 본인이 노력하지 않으면 그 문이 아주 무거울 거라 생각해요. 그냥 자리에 앉아 있어도 좋겠지만 원하고 바라는 것이 있다면 주도적으로 도전하는 게 좋을 것 같습니다. 문밖에서 지켜보는 것만으로는 아무것도 할 수 없어요."

[종인]

"맞다. 문을 여는 건 본인이다. 누가 대신 열어 주는 게 아니라."

Q. 누구에게는 뭐든 좋다. 마지막으로 할 말이 있나?

[진혁]

"형한테 해도 돼요?"

[종인]

"(민망하다는 듯 먼 산을 보며) 그... 그래..."

[진혁]

"얼굴 보고하기 민망하니 딴 데 보고 할게요. 형도 지금처럼 계속 딴 데 보세요. 저는 이제껏 마음 가는 대로, 내키는 대로 살았는데요. 그런 제가 무슨 짓을 하더라도, 심지어 말이 안 되는 소리를 하고 마구잡이로 날뛰더라도 들어주고 이해해주셔서 감사하다는 말을 꼭 드리고 싶습니다. 늘 먼저 같이 해보자고 제안해주신 것도 감사하고요. 형님 건강하세요!"

- 인터뷰 5. '사직서를 품고 등장한 사나이' 끝

에필로그 1.

완도살롱에 유통기한이 있다면

(2022년 7월 1일, 바다가 보이는 완도 카페에서)

운명적입니다! 프롤로그에서 에필로그까지 쓰는데 정확히 1년이 걸렸으니까요. 조금도 계획하거나 의도한 게 아니었습니다. 시간과 마음이 흐르는대로 게으르게도 부지런하게도 썼더니 이렇게 된 겁니다.

아, 가끔은 정말이지 우리가 매트릭스에 있는 게 아닌가 싶습니다. 앞서 말했듯 저는 숫자놀이를 좋아하고, 제게는 의미심장한 숫자가 눈앞에 나타나거나 수가 겹치는 일이 자주 벌어지니까요. 이번에도 또 그런 일이 일어나고 말았습니다.

이처럼 신기한 일이 벌어질 때면 저는 미소를 짓습니다. 사실 처음에는 무섭기도 했습니다. 어쩜 이렇게 딱 맞아떨어지지? 왜 이런 일이 반복되지? 정말 내게만 이런 일이 벌어지나? 하면서 말이죠.

지금은 그냥 그러려니하고 웃어 넘깁니다. 무감각해졌다기보다는 의연해졌다 말하고 싶습니다. 삶의 바탕에 어떤 거대한 선이나 길이 있다고 믿는다면 이 또한 어떻게든 일어날 일이었을 테니까요.

5만 남짓 살아가는 완도에서 서울에 있을 때보다 더 자주 우연과 인연을 마주합니다. 어쩌면 사람이 귀해서 그런 건지도 모르겠습니다. 여기는 무엇하나 가벼이 여기고 넘길 수 없는 곳이니까요. 소중하기에 간절하고, 간절하기에 원하게 됩니다.

그런 의미에서 이 섬, 후미진 골목의 낡고 작은 곳까지 기꺼이 걸음해 준 여러분의 얼굴과 이름을 소중히 간직하고 싶습니다. 완도살롱 공식 인스타그램을 팔로우해주세요? 그 아름다운 손짓, 한 번의 터치가 인연을 잊지 않으려, 두고두고 기억하려 애쓰는 제게 큰 도움이 됩니다.

그동안 과분한 관심과 사랑을 보태준 여러분 덕에 이 섬과 완도살롱에서 보낸 시간을 의미로 가득 채울 수 있었습니다. 두고두고 감사하겠습니다.

특히 오랜 단골이자 변치 않는 의리로 수년째 완도살롱 안과 밖에서 교류하는 친구들에게는 이 자리를 빌려 애틋하고 그리운 마음을 전합니다.

여러분이 없었다면, 아니 당신들이 아니었더라면 저는 이미 침잠했을지 모릅니다. 고맙습니다. 덕분에 난파선은 항구가 될 수 있었습니다.

우리의 우정에 유통기한이 있다면 적어도 만년이기를.

To be continued

에필로그 2.

팔을 들어 올리면, 결국에는

(2023년 5월 1일, 바다가 보이는 완도 카페에서)

예상치 못했던 초판 완판에 힘입어 이판(개정판)을 제작하게 되었습니다. 이러다 사판이 되고, 팔판도 되면 좋겠네요. 여러분 사랑합니다. 아직 부자가 된 것도 아닌데 드릴 말이 이것밖에는 없네요.

그리고 기쁜 소식을 전합니다. 완도살롱은 지난 2022년 12월, 2년 재계약에 성공했습니다. 2023년과 2024년에도 그 골목 그 자리에서 팬 여러분을 만날 수 있게 된 겁니다!

이 자리를 빌려 장보고대로248번길 48의 회장님이신 김용민 선생께도 감사의 마음을 전합니다.
'2년, 1년, 몇 개월이건 상관없으니 자네가 원하는 만큼 머물다 가라.'는 말씀이 제게는 항상 든든하고 커다란 힘이 되었습니다. 부디 오래도록 건강하시고 '한 편의 소설 같은 어르신 이야기를 소개하고 싶다.'는 제 간곡한 청도 언젠가 꼭 들어주세요.

한편 겨울과 봄을 지내며 완도에는 많은 변화가 있었습니다. 학교에서 근무하던 친구들은 완도를 떠나 새 도시에 정착했고, 다시 축제가 시작되었으며, 사람들 얼굴에서는 더 많은 웃음을 찾아볼 수 있게 되었습니다.

물론 바뀌지 않은 것도 있습니다. 완도를 지키는 이들도 각자의 자리에서 고군분투하고 있고요. 섬에 남는 것이 떠나는 것 못지 않은 새롭고 거대한 도전임을 잘 아는 저는 남은 이에게 더 마음이 쓰입니다.

하지만 떠난 이와 머문 이 모두의 안녕과 행복을 우열 없이 기원합니다.

지금껏 완도살롱을 지키며 운명이라 믿었던 이가 떠나가고, 빗나갔던 사람이 어느새 곁에 있음을 발견하는 게 인생이라는 걸 배웠습니다. 그렇기에 사소하다고 여겨지는 것조차 적당히 하거나, 소홀히 해서는 안된다는 걸 믿고요.

내일 지구가 멸망해도 한 그루의 사과나무를 심겠다던 누군가의 말처럼, 내일 완도살롱 문을 닫더라도 오늘은 불꽃을 틔우고 엔트로피를 만들겠다는 마음을 초심, 아니 결심하겠습니다.

아프리카계 미국인 여성이 쓴 소설 중 처음으로 100만 부 이상이 팔린 '거리'의 작가, '앤 페트리'의 위대한 한마디로 마지막 인사를 대신합니다.

"팔을 들어 올리면, 결국 날게 될 거야"

To be continued

NO TIME TO DIE
완도살롱 폐업기

제작 이종인

출판 WonderWander

초판 2022년 11월 01일

이판 2023년 06월 01일

ISBN 979-11-980950-1-5 (03680)